KREBS

22. Juni – 22. Juli

STERNZEICHENBUCH

Sonderausgabe

Text: Peter Ripota (unter Mitarbeit von Y. Kirsch, A. Huber,
B. Kleefeld, W. Martin, G. Motitschka), Ursula Fassbender
Titelabbildung: Fotolia.com/Yvonne Prancl
Umschlaggestaltung: h3a GmbH, München

ISBN 978-3-8174-7913-9
5279131

INHALT

Fast alle Menschen kennen ihr Sonnenzeichen – das, was man gewöhnlich als „Sternzeichen" bezeichnet. Und mindestens die Hälfte kennt auch ihren Aszendenten. Viele lesen die astrologischen Wochenprognosen in den Illustrierten, und die Astrologen haben Zulauf wie im Mittelalter.

Was ist dran an der Astrologie? Enthält sie uraltes Wissen, vielleicht sogar von übermenschlichen Besuchern aus dem Kosmos? Oder ist sie Scharlatanerie, Geschäft mit der Gutgläubigkeit (und Vergesslichkeit) der Menschen?
Immerhin beschäftigen sich mehr ernsthafte Gelehrte und Praktiker mit ihr, wenn auch meist heimlich: Ärzte, Heilpraktiker, Psychologen, Berater. Wendet man ihre Erkenntnisse an, kommt man zu praktischen, verwertbaren Lebenshilfen. Man muss nur wissen, worüber die Sterne wirklich Auskunft geben können und worüber nicht.

Die Sterne können Auskunft geben über:
• angeborene Talente, Begabungen und besondere Fähigkeiten,
• angeborene körperliche Schwächen,
• Zeiten, in denen es günstig ist, etwas Bestimmtes zu tun,
• Zeiten, in denen es eher ungünstig ist, gewisse Dinge in Angriff zu nehmen,
• Menschen, mit denen man sich gut versteht und solche, mit denen man eher Probleme hat.

Die Sterne können nichts darüber sagen:
• wie man gerade lebt oder sich fühlt,
• ob eine Verbindung (z.B. Ehe) glücklich ausgeht oder nicht,

- wie jemand aussieht,
- an welchen Krankheiten jemand tatsächlich leidet.

Die Astrologie ist in diesem Sinn Lebenshilfe, dass sie jemandem sagen kann, wo seine Chancen liegen – vorausgesetzt, er fördert die Talente und Anlagen, die ihm unter seinem Stern- bzw. Sonnenzeichen gegeben sind. Auch kann die Astrologie bestimmte Fehler, zu denen man „natürlicherweise" neigt, von vornherein vermeiden helfen.

Und nicht zuletzt führt die Beschäftigung mit dem eigenen Tierkreiszeichen, das Nachdenken über Aussagen, die die Astrologie hierüber macht, zur kritischen und positiven Auseinandersetzung mit sich selbst: Wie oft hat man das Gefühl, beruflich oder privat am falschen Platz zu sein! Die Astrologie kann solche Gefühle bestätigen oder widerlegen. Doch es dürfte klar sein, dass das Sternzeichen allein keine erschöpfende Auskunft geben kann. Es gibt auf dieser Welt nicht nur zwölf Menschentypen, sondern so viele einzigartige Charaktere wie Menschen. Dennoch ist die Beschäftigung mit dem Sternzeichen sinnvoll. Sie zeigt die Grundtendenzen auf, die den Weg zu einem erfüllten Leben andeuten.

Einführung

Grundlagen der Astrologie

Bei Astrologie denken wir gleich an den Einfluss der Sterne. Tatsächlich wissen wir nicht, wie Astrologie funktioniert, doch jeder kann sich selbst davon überzeugen, dass sie funktioniert. Auch haben nicht die Sterne Einfluss auf uns, sondern die Himmelskörper unseres Sonnensystems: Sonne, Mond und die Planeten.

Das Sonnenzeichen

Am stärksten wirkt die Sonne, der wir unser Dasein verdanken und ohne die keinerlei Leben möglich wäre. Während der scheinbaren jährlichen Wanderung der Sonne am Himmel hält sich dieser Stern etwa einen Monat lang in je einem Tierkreiszeichen auf. Die zwölf Tierkreiszeichen haben die gleichen Namen wie die Sternbilder der Ekliptik, doch sie sind mit ihnen nicht identisch. Während Sternbilder am Himmel fest verankert sind und aufgrund ihrer großen Entfernung keinerlei Einfluss auf den Menschen ausüben können, bilden Tierkreiszeichen – oder kurz Zeichen – eine zeitliche Einteilung des Jahres. Wer im Frühjahr geboren wird, wenn alles vom Winterschlaf erwacht und nach außen drängt, der hat einen ganz anderen Charakter als jemand, dessen Geburt in die Zeit der erlöschenden Herbstsonne fällt. Aus dieser jahreszeitlichen Einteilung ergeben sich die Eigenschaften der zwölf Zeichen.

Die zwölf Zeichen

Widder (21. März bis 20. April: Beginn des Frühlings):
Der große Kampf des aufkeimenden Frühlings gegen den unterliegenden Winter beginnt. Es bilden sich die ersten Knospen. Unter Stürmen und Kämpfen, doch mit unerschütterlichem Optimismus wächst neues Leben.

Stier (21. April bis 20. Mai: Mitte des Frühlings):
Die Wiesen blühen, die Frühlingsdüfte erfüllen die Luft, das Leben beginnt. Die Zeit ist gekennzeichnet durch die Farbenpracht der Blüten.

Zwillinge (21. Mai bis 21. Juni: Unruhe des Frühlings):
Etwas Neues bereitet sich vor, die Jahreszeit neigt sich dem Ende zu. Veränderungen in der Luft bringen Unruhe und Neugier. Die Bäume bilden Bätter und Zweige, Pflanzen und Tiere treten in Kontakt miteinander.

Krebs (22. Juni bis 22. Juli: Beginn des Sommers):
Etwas Neues baut sich auf, die heißeste Jahreszeit beginnt. Regen, Feuchtigkeit und die Fülle sommerlichen Lebens erfüllen die Erde. Plötzlich kommt es zu Gewittern, zu Unruhe, zu Entladungen. In Feuchtigkeit und Hitze bildet sich neues Leben.

Löwe (23. Juli bis 23. August: Mitte des Sommers):

Die Natur erstrahlt in ihrem höchsten Glanz. Die Sonne hat zwar den Höhepunkt überschritten, bringt aber eine ruhige und überlegene Wärme. Alles blüht hochsommerlich, voller Wärme und Energie. Die Natur hat ihre Reife erreicht.

Jungfrau (24. August bis 23. September: Unruhe des Sommers):

Es wird Zeit, die Ernte einzubringen. Dazu braucht man Fleiß, Sinn für Ordnung und Freude an der Arbeit. Früher arbeiteten nur Frauen und Mädchen auf den Feldern, daher wird diese Zeit vom Zeichen der Jungfrau beherrscht.

Waage (24. September bis 23. Oktober: Beginn des Herbstes):

Die Ernte ist eingefahren und muss gerecht verteilt werden. Außerdem hat man jetzt mehr Zeit für das Schöne: für Feste und Vergnügungen, für Kunsthandwerk und Geselligkeit. Das Wetter ist immer noch schön, die Herbstfarben regen zu stimmungsvollen Bildern an.

Skorpion (24. Oktober bis 22. November: Mitte des Herbstes):

Die trübe Jahreszeit beginnt. Nebel und gefallene Blätter künden von Tod und Verwesung. Die Menschen beginnen, sich in sich selbst zurückzuziehen und auf ein häusliches Leben einzustellen.

Schütze (23. November bis 21. Dezember: Unruhe des Herbstes):
Das Schlimmste an herbstlich-düsterer Stimmung ist überwunden. Im Spätherbst kommt nochmals eine gewisse Leichtigkeit vor den Stürmen des Winters, ein kurzer Optimismus, der mithilft, den Winter zu überstehen.

Steinbock (22. Dezember bis 20. Januar: Beginn des Winters):
Die Sonne hat ihren tiefsten Stand erreicht, die Erde ist trocken und die Natur karg. Nur die zähen Tiere überleben, diejenigen, die sich einen Vorrat angeschafft haben und sich ans Leben klammern.

Wassermann (21. Januar bis 19. Februar: Mitte des Winters):
Die Luft ist glasklar, alle Aktivitäten eingeschränkt. Die Natur verharrt in kälteklirrender Gelassenheit. Tätigkeiten des Geistes werden jetzt begünstigt.

Fische (20. Februar bis 20. März: Ende des Winters):
Die Kälte schwindet, der Schnee schmilzt, alles wartet auf das Ende des Winters und auf den stürmischen Beginn des neuen Jahres.

Der Aszendent

Neben der Sonne sind natürlich auch noch andere Faktoren wichtig. So war schon im Altertum bekannt, dass der Punkt, an dem der Ost-Horizont den Tierkreis schneidet, einen entscheidenden Einfluss auf das Leben eines Neugeborenen ausübt, ganz besonders, wenn zu dieser Zeit auch noch ein Planet aufgeht.

Dieser Punkt heißt Aszendent (von lat. „ascendere" = aufgehen). Ihn zu berechnen ist etwas kompliziert und auch nur dann sinnvoll, wenn die Geburtszeit genau bekannt ist. Alle zwei Stunden geht ein neues Zeichen auf, und im Laufe eines Tages dreht sich die Erde auf diese Weise durch den ganzen Tierkreis.

Die vier Elemente

Nach frühester astrologischer Tradition werden die Tierkreiszeichen in Gruppen zusammengefasst. Das Weltensystem der alten, aus dem Orient stammenden Astrologie war geozentrisch. Die Kreisbewegungen der Planeten um die Erde wurden mit den linearen, zeitlich begrenzten Bewegungen der vier klassischen Elemente Feuer, Luft, Wasser und Erde kombiniert.

Die Vier-Elemente-Vorstellung wurde von Ptolemäus mit der Astrologie in Verbindung gesetzt. Er ordnete je drei Tierkreiszeichen den vier Elementen zu. Man spricht hier von Triplizität oder der Verknüpfung von drei Tierkreiszeichen in vier

Gruppen. Aus der Stellung der Planeten in den entsprechenden Tierkreiszeichen ergibt sich die Elementnatur. Wer in einem bestimmten Element geboren ist, hat entweder eine luftige oder feurige Natur und ein entsprechendes Temperament oder Schicksal. Die Menschen, denen die Elemente Feuer, Erde, Luft und Wasser zugeordnet werden, haben außerdem in ihrer Geburtsstunde eine bestimmte Konstellation von Sonne, Mond, Aszendent oder Planeten, die sich auch auf ihr Charakterbild auswirkt.

Nachfolgend werden die einzelnen Elemente und die astrologisch dazugehörigen Tierkreiszeichen aufgeführt:

Das Element **Feuer** (Widder, Löwe und Schütze) ist optimistisch, liebt Bewegung, ist unternehmungslustig und voll von körperlicher Energie. Der Partner verkörpert teilweise einen Mythos, also eine fantastische Gestalt, die über die Realität hinausgeht. Die Bindung in einer Partnerschaft sind gemeinsame Unternehmungen, Sport, Dynamik. Sex ist für Feuerzeichen eine wichtige Angelegenheit, bei der sie ihren Körper transzendieren und eine Art spiritueller, ekstatischer Vereinigung spüren wollen.

Das Element **Erde** (Stier, Jungfrau und Steinbock) ist realistisch und neigt deswegen zu Pessimismus und Melancholie. Es liebt Materie, also Besitz, sinnliche Vergnügungen, Arbeit und Status. Der Partner sollte ständig anwesend sein; moderne Beziehungen mit langer Trennung können Erdzeichen nicht ertragen. Die Bindung in einer Partnerschaft sind Vertrautheit, gemeinsamer Besitz, Familie, Kinder, eine gute Position in der Gesellschaft, gutes Essen und angenehme Sinneseindrücke. Sex ist für Erdzeichen eine tiefe, körperliche Erfahrung, ohne Über- oder Untertöne. Eine romantische Umgebung kann wichtig sein, Gespräche beim Sex sind eher störend.

Das Element **Luft** (Zwillinge, Waage und Wassermann) liebt die Freiheit und redet gern. Es ist kontaktfreudig und muss die Wirklichkeit durch ein geistiges System ordnen. Luftzeichen lieben geistvolle Gespräche und nehmen die Welt leicht. Der Partner kann weit weg sein; Telefongespräche ersetzen dann den körperlichen Kontakt. Die Bindung in einer Partnerschaft sind geistige Auseinandersetzungen, Gespräche und Ideen. Sex ist für Luftzeichen nicht so wichtig. Gespräche, also Verbal-Erotik, können den eigentlichen Akt ersetzen bzw. wichtiger werden als die körperliche Vereinigung.

Das Element **Wasser** (Krebs, Skorpion und Fische) lebt in einer Welt von Vorstellungen, Fantasien und Gefühlen. Manchmal mangelt es ihm an Durchsetzungskraft, dafür ist es von hohem Einfühlungsvermögen geprägt. Der Partner sollte anwesend sein, weniger als Person denn als gefühlvolles, zugewandtes Wesen. Die Bindung in einer Partnerschaft sind gemeinsame Träume und liebevolle Zuwendung. Sex ist für Wasserzeichen Ausdruck einer gefühlsmäßigen Übereinstimmung, niemals Selbstzweck.

Viereckgruppierung der Tierkreiszeichen

Der jährliche Sonnenlauf wird in vier Jahreszeiten eingeteilt. Die Jahreszeichen zeigen sich immer im gleichen Rhythmus. Die Jahreszeit bewegt sich, zeigt sich fest, stabilisiert sich, sie gleicht sich der folgenden Jahreszeit an. Genauso werden die Tierkreiszeichen eingeteilt.

Die **kardinalen** (aktiven) Zeichen (Widder, Krebs, Waage, Steinbock) ergreifen gerne selbst die Initiative und setzen sich konkrete Ziele.

Die **fixen** (beharrlichen) Zeichen (Stier, Löwe, Skorpion, Wassermann) können bei einer Sache bleiben und sind gute Organisatoren. Die **beweglichen** (reaktionsfreudigen) Zeichen (Zwillinge, Jungfrau, Schütze, Fische) sind anpassungsfähig und können rasch auf Veränderungen reagieren.

Männliche und weibliche Zeichen

Die Astrologie unterscheidet zudem auch noch nach männlichen und weiblichen Zeichen. Dies steht in gewisser Analogie zum Prinzip „Yin" und „Yang", von dem später noch im Kapitel zur Chinesischen Astrologie die Rede sein wird. Dieses älteste Gegensatzpaar hat somit auch in der Astrologie seinen Platz gefunden. Die Einteilung soll auf typisch männliche oder typisch weibliche Merkmale hinweisen.

Zu den **männlichen** Zeichen gehören die Feuer- und Luftzeichen, also Widder, Zwillinge, Löwe,

Waage, Schütze, Wassermann. Vertreter dieser Zeichen sollen zielstrebig und tatkräftig sein. Sie ergreifen gern die Initiative.

Zu den **weiblichen** Zeichen gehören die Erd- und Wasserzeichen, also Stier, Krebs, Jungfrau, Skorpion, Steinbock, Fische. Die Vertreter dieser Zeichen sind eher passiv und zeichnen sich durch ihr zögerliches Handeln aus. Sie sollen sehr friedliebende Menschen sein.

Außerdem werden die Zeichen noch von Planeten beherrscht, die teilweise ebenfalls als männlich oder weiblich bezeichnet werden. So ist eine Waage-Frau vom biologischen Geschlecht her weiblich, dem Zeichen nach männlich, doch der beherrschende Planet Venus ist wiederum weiblich.

Zusammenfassung:

Fasst man die vorher genannten Eigenschaften und Zuordnung für die einzelnen Tierkreiszeichen zusammen, so ergibt sich folgende Aufstellung:

Widder: Feuer, beweglich, männlich

Stier: Erde, fest, weiblich

Zwillinge: Luft, angleichend, männlich

Krebs: Wasser, beweglich, weiblich

Löwe: Feuer, fest, männlich

Jungfrau: Erde, angleichend, weiblich

Waage: Luft, beweglich, männlich

Skorpion: Wasser, fest, weiblich

Schütze: Feuer, angleichend, männlich

Steinbock: Erde, beweglich, weiblich

Wassermann: Luft, fest, männlich

Fische: Wasser, angleichend, weiblich.

Berücksichtigt man alle Faktoren, die zur Zeit der Geburt einen Einfluss ausüben können – Planeten, Häuser, Achsen, bestimmte Punkte – dann erhält man eine bildliche Darstellung, die man Horoskop nennt. Ein Horoskop kann Auskunft geben über die natürlichen Anlagen, Fähigkeiten und Talente eines Menschen; es kann jedoch nichts darüber sagen, was diese Person daraus macht. Die Symbole eines Horoskops sind wie die Gene eines Menschen: Sie beeinflussen ihn, aber welches Gen wofür zuständig ist, ist nicht leicht zu sagen. Der Mensch wird auch nicht nur durch seine Gene geformt, sondern auch durch Erziehung, Umwelt, Karma – und den eigenen Willen. In diesem Sinn ist Astrologie keine Zukunftsdeutung eines vorgezeichneten Schicksals, sondern der Hinweis auf das Potential eines Menschen und ein Appell an das Verantwortungsgefühl eines jeden, mit den eigenen Ressourcen vernünftig umzugehen und sie zum Wohle der Menschheit einzusetzen.

Warum die Astrologie so beliebt ist

Nur im Abendland gibt es eine derart scharfe Abgrenzung zwischen der Wissenschaft, die uns die Welt erklärt, und der Religion, die uns das Leben erklärt. Die Wissenschaft zeigt, wie die Dinge funktionieren, aber sie sagt uns nichts darüber, warum das so ist und welchen Sinn unser Leben hat. Die Religion erklärt nichts, kann aber dem Leben des Einzelnen Sinn und Inhalt verleihen. Eine Berührung zwischen beiden scheint es nicht zu geben. Doch gerade da kommt die Astrologie ins Spiel. Von der Wissenschaft hat sie die Exaktheit der Berechnungen, die Komplexität der Formeln und die Ableitbarkeit komplexer Sachverhalte aus ihren Symbolen. Von der Religion hat sie die Fähigkeit, dem Einzelnen sein Leben in größerem Maßstab, sozusagen unter dem Aspekt der Ewigkeit, zu zeigen. Selbst Kritiker der Astrologie müssen zugeben, dass diese unser Leben in einer Form bereichert, wie es die rationalen Wissenschaften niemals können. Die Astrologie stillt die Sehnsucht des Menschen nach etwas Mythischem, Spirituellem, über den Alltag Hinausgehendem. Und darum brauchen wir sie.

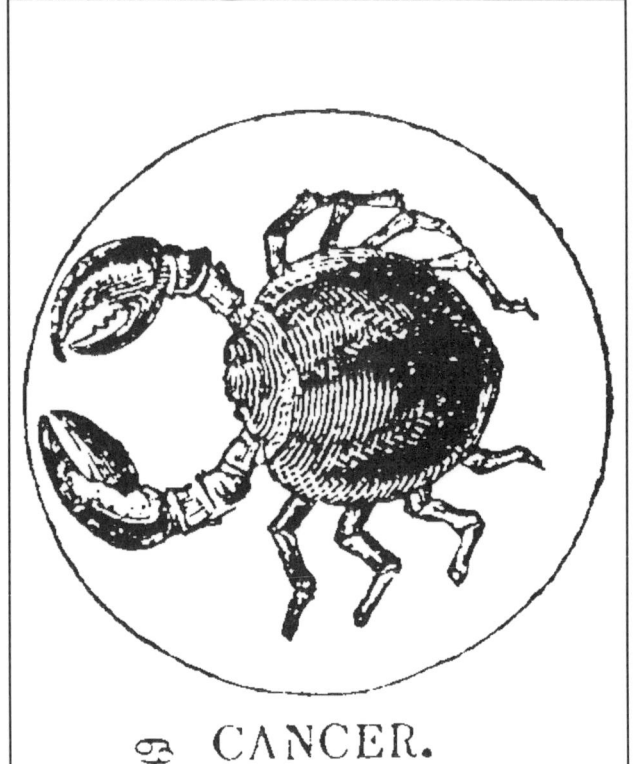

CANCER.

☾

Der Krebs

★

Der Krebs als Mythos

Der Krebs ist der Mythos der Mutter. Das mütterliche Prinzip ist ein erhaltendes, beschützendes und rückwärts gewandtes. Es weist den Einzelnen wie auch das Menschengeschlecht auf seine Herkunft und seinen Ausgang zurück.

Wenn die Sonne in unseren Breiten ihren höchsten Stand im Jahreslauf erreicht hat, tritt sie in das Sternzeichen des Krebses ein: Es ist Sommeranfang.

Aber gerade dieser Anfang trägt ein rückwärts gerichtetes Element in sich. Denn von nun an sinkt die Sonne wieder auf ihrer Jahresbahn. Erst allmählich, dann immer entschiedener werden die Tage wieder kürzer und die Nächte länger.

Auch der Krebs als Tier ist das Sinnbild des Rückwärtsganges. Man muss einen solchen Krebs einmal in einem Bach beobachtet haben:

Er bietet uns ein merkwürdiges, ja auch ein leicht erheiterndes Schauspiel. Langsam kommt er, wenn er sich unbeobachtet wähnt, hinter einem Stein hervor und bewegt seine Fühler. Die geringste Erschütterung aber lässt ihn eilends rückwärts krabbeln, und zwar mit dem Schwanz nach hinten; er braucht sich dabei nicht umzudrehen: Das ist der berühmte Krebsgang.

Der Krebs ist ein geheimnisvolles Sternbild. Obwohl es hoch am Himmel steht, kann man es nur in ganz klaren Nächten erblicken. Denn seine Sterne haben nur geringe Helligkeit. In ihm befindet sich auch ein mit dem Fernrohr beobachtbarer seltsamer Nebel, der den Überrest einer Sternenexplosion in Urzeiten darstellt.

Im Grunde geht der Krebs-Mythos weitgehend im Mythos des Wassers auf. Der Krebs ist ein weibliches Zeichen und dazu das erste, anstoßgebende Wasserzeichen.

Das Wasser nun hat für den Menschen immer schon mythische Bedeutung gehabt.
„Des Menschen Seele, die gleichet dem Wasser", dichtete Goethe, und auch in der Astrologie ist dem Wasserzeichen das Seelenleben zugeordnet: Der Embryo, das Stadium des Lebens in seinen Anfängen im Mutterleib, liegt in das Fruchtwasser eingebettet. Unsere erste Nahrung ist die Muttermilch: Das Element Wasser und das Prinzip der Mütterlichkeit, Wasser und Urbeginn hängen immer zusammen.

Der biblische Schöpfungsmythos berichtet, dass vor Himmel und Erde das Wasser da war: „Und der Geist Gottes schwebte über den Wassern".

Das Wasser bezeichnet nicht die verschiedenen Anfänge, die Tagesanbrüche des Lebens, sondern den allerersten, den Uranfang, der gleichsam immer schon gewesen ist, immer zurückliegt und in mystisches Dunkel getaucht ist.

Welche Bedeutung diesem „Urelement" im Christentum zukommt, sieht man an der Taufe, die

durch Eintauchen oder Benetzen mit Wasser voll-
zogen wird. Die Symbolik besagt nichts anderes,
als dass das Element Wasser Geburt und Anfang
bedeutet.

Alles Mütterliche trägt den Charakter des Bewah-
renden, des an den Uranfang Anknüpfenden. Der
Mensch vollzieht im Mutterleib alle Stadien seiner
biologischen Stammesentwicklung nach. In der
Mutter liegt also die Schöpfung der Welt noch
einmal eingeschlossen. Dieses Rückwärtsge-
wandte verweist wieder auf die Eigenheit des
Krebsverhaltens.

Beim Krebs umschließt ein harter Außenpanzer
die weichen und empfindlichen inneren Körper-
teile. Dies stellt eine Analogie zum Ei dar, der
mütterlichen Keimzelle der Fruchtbarkeit: Der
harte Panzer und die Schale symbolisieren das
erhaltende, bewahrende, schützende Prinzip.
Das weiche und empfindliche Innere symbolisiert
das Kindliche und die Beeindruckbarkeit.

Der Krebs als astrologisches Zeichen ist sowohl
ein kardinales (anstoßgebendes) als auch, als
Wasserzeichen, ein Gefühlszeichen. Er steht also
für ein impulsgebendes Gefühl. Sowohl Aktives
als auch Passives verbinden sich in ihm auf das
Innigste.

Bei all diesem sollte man auch nicht vergessen,
dass der Krebs Angriffswaffen besitzt. Seine
Scheren können auch größeren Lebewesen empfindliche und schmerzhafte Verletzungen zufü-
gen.

Der Krebs in der Herkules-Sage hätte es beinahe vermocht, selbst diesen Heroen, den Inbegriff von Kraft und Stärke, in den Sumpf zu ziehen. Hier wird das verschlingende, das Leben in seinen aktiven Äußerungen zurückhaltende, dunkle Urmutter-Prinzip deutlich. Insbesondere das spezifisch Männliche ist von ihm bedroht.

Der Krebs und sein beherrschender Planet

Der Himmelskörper, der die Bedeutung des Krebszeichens am ehesten wiedergibt, ist streng astronomisch kein Planet (denn unter einem solchen versteht man ja im wissenschaftlichen Sinn einen der größeren, die Sonne umkreisenden Himmelskörper). Der Mond nun, der Beherrscher des Krebses, ist bekanntlich der Trabant der Erde, er verhält sich also zu dieser wie die Erde zur Sonne. Sein Licht aber empfängt dieser Erdbegleiter, wie die Planeten, von der Sonne. Durch seine Erdnähe erscheint er uns praktisch gleich groß wie das Zentralgestirn, obwohl sein Durchmesser nur etwa ein Viertel des Erddurchmessers beträgt. Der Astrologe wird es kaum als bloßen Zufall betrachten, dass sich das menschliche Leben gerade auf einem Planeten entwickelt hat, auf dem Sonne und Mond in gleicher Größe erscheinen, denn so spiegeln diese beiden Planeten das männliche und das weibliche Urprinzip wieder.

Das Auffälligste am Mond sind seine Phasen: Als Neumond unsichtbar, nimmt er im Lauf von etwa zwei Wochen bis zum Vollmond zu, um darauf in der selben Zeit wieder bis zum Neumond abzunehmen. Das Zunehmen des Mondes wurde vom Menschen schon immer als Symbol für die Schwangerschaft gesehen. Höchst merkwürdig ist es ferner, dass eine Umlaufperiode des Mondes im Durchschnitt der weiblichen Menstruationsperiode gleich ist. Hierfür gibt es kaum eine kausale Erklärung, vielmehr weist uns dieser Umstand auf die von der Astrologie angenommene Tatsache hin, dass die Bedeutung der Gestirne doch mehr ist als eine nur vom Menschen willkürlich angenommene Phantasievorstellung. Es gibt noch viele andere Mondphänomene, die kausal nicht restlos erklärbar sind. So pflanzen sich zum Beispiel bestimmte Wurmarten nur bei bestimmten Mondphasen in bestimmten Sternzeichen (!) fort.

Am ehesten dürften durch die bloße Schwerkrafts- und Strahlungseinwirkung die Phänomene des Nachtwandeln und der Überempfindlichkeit mancher Menschen auf den Vollmond zu erklären sein, wiewohl auch diesen Erscheinungen nach wie vor einiges Rätselhafte innewohnt.

Der Mond symbolisiert das Mütterlich-Weibliche und ist somit wie der Krebs ein sowohl lebensfreundliches als auch ein düster-verschlingendes Prinzip.

In allen Religionen gibt es mehrere Muttergottheiten. Die Anzahl der Mondgöttinnen ist somit äußerst groß. Die umschließt die babylonische Ischtar und die griechischen Muttergottheiten Kore, Demeter und Selene, die römische Luna wie die germanischen Göttinnen Fricka und Jörd. Allen diesen Gottheiten ist gemeinsam, dass sie sowohl die Fruchtbarkeit als auch die Nacht verkörpern.

In der mythisch äußerst bedeutungsvollen und daher auch so volkstümlichen Oper „Die Zauberflöte" von Mozart sind die Züge aller dieser Mondgöttinnen in der „Göttin der Nacht" vereint. Es ist daher nicht einfach ein dramaturgischer Lapsus, wenn uns diese Urmutter im ersten Akt als gütige, um ihr Kind besorgte Frau erscheint, im zweiten Akt aber als düstere, auf Mord sinnende Unholdin. Denn wie der Krebs, der Mond und die Nacht hat die Mutter ein freundliches wie auch ein unheimliches Wesen. Das Mondlicht kann uns ebenso traurig wie vertraueneinflößend und beruhigend erscheinen.

Dem Mondprinzip unterstehen auch die Gespenster, die Hexenkünste, die Nachtwandler und die Irren. „Lunatic" bezeichnet im Englischen den „Verrückten", das Wort kommt von Luna, dem Mond im Lateinischen. Auch im deutschen Sprachraum erinnert das Wort „Laune" an Luna. Und Luna ist auch die Launische, die Wechselhafte.

Krebs und Mond sind die Beherrscher der Urreligionen, des Schmanismus, des Matriarchats. Daher bezeichnet der Mond die Zauberin, die Hexe, die Heilende wie die Verwünschende.

Im Christentum wird die Gottesmutter, die selbstverständlich ebenfalls eine Verkörperung des Urmutter-Prinzips ist, auf der Mondsichel stehend abgebildet. Dies geht auf eine Vision der Apokalypse zurück. Man hat in diesem Umstand vielleicht nicht zu Unrecht ein Sinnbild dafür erblickt, dass in Maria die Herrschaft der heidnischen Mondgöttinnen überwunden wurde. Gleichwohl führt sie diese Herrschaft in sich weiter.

Es ist nichts anderes als das Urwissen, oder besser Urgefühl um die Tatsache, dass, wie bei Achill und seiner Mutter Thetis, alles Helden- und Kämpfertum die Mutter im Hintergrund hat.

Daher hat auch der Islam, der den „heiligen Krieg" gutheißt, die Mondsichel in seiner Fahne. Seine Farbe ist das weibliche Grün, das sich somit ebenfalls nicht nur als Farbe der Fruchtbarkeit, sondern auch als die Farbe der Vernichtung erweist.

Wie der Mond ab- und zunimmt, wie der Krebs vor- und rückwärts geht, ist das Urmütterliche durch einen ständigen Wechsel von Ansaugen und Ausstoßen gekennzeichnet.

Somit ist auch in der Astrologie die Bedeutung des Mondes ambivalent. Einerseits ist er ein Symbol für Gesundheit, Fruchtbarkeit, Lebenslust und Vitalität, andererseits genügt schon eine kleine Verletzung, um ihn zu einem schwächenden oder entmutigenden Prinzip zu machen.

Sonne und Mond verhalten sich wie Gold und Silber. Beides sind Edelmetalle, und doch ist das Gold das weniger angreifbare und chemisch weniger veränderliche. Silber schwärzt sich leicht durch Oxydation, Gold nicht.
Der Vollmond wirkt silbern nur, wenn er hoch am Himmel steht. Nahe am Horizont erscheint er uns bald weißlich-bleich, bald – besonders im Sommer – unheimlich düster, groß und gelblich-rot. Der Mond ist also nicht nur in seinen Phasen wandelbar.

Eine besonders wichtige Analogie des Mondes ist das Volk – im Unterschied zu der „Masse", die dem Pluto untersteht. Der Begriff Volk hat mehrere Bedeutungen: Dem Mond untersteht aber nicht das Volk im Sinne einer politisch-nationaler Völkerschaft, sondern das, was man eher als locker zusammengefasste „Bevölkerung" versteht. Was volkstümlich ist, untersteht dem Mondprinzip. Popularität muss nicht dauerhaft sein. In der Bevölkerung werden oft nicht lange andauernde Stimmungen oder Bestrebungen wach. Dies entspricht der Wandelbarkeit des Mondes. Dennoch gibt es Einrichtungen und Eigenschaften, die stets bei breiten Schichten der Bevölkerung Anklang finden. Zeitungsmacher wissen zum Beispiel, dass Bilder, die Kinder darstellen, immer gerne gesehen werden. Es ist auch Politikern noch immer recht, sich von Kindern mit Blumensträußen begrüßen zu lassen. Das Kind strahlt nun einmal etwas Mondhaftes aus.

Dasselbe gilt auch für das Trinken. Wenn die Menschen zu allen Zeiten bestimmte Trinkrituale pflegen, um Geborgenheit und Verbundenheit zu demonstrieren, so stellen sie damit unbewusst eine Verbindung zur frühesten kindlichen Phase her, die von der oralen Verbindung mit der Mutter bestimmt ist. Und naturgemäß sind es nicht Speiselokale, sondern die Lokale, in denen vor allem Getränke angeboten werden, wo das Volk zusammenkommt und sich geborgen fühlt. Darum haben Biertische und -keller etwas ungemein Politisches an sich. Somit schließt sich der Analogiekreis im Zeichen des Mondes: von der Flüssigkeit gelangen wir zum Kind, vom Kind zur Popularität, von dieser zur Politik, und von der Politik wieder zur Flüssigkeit.

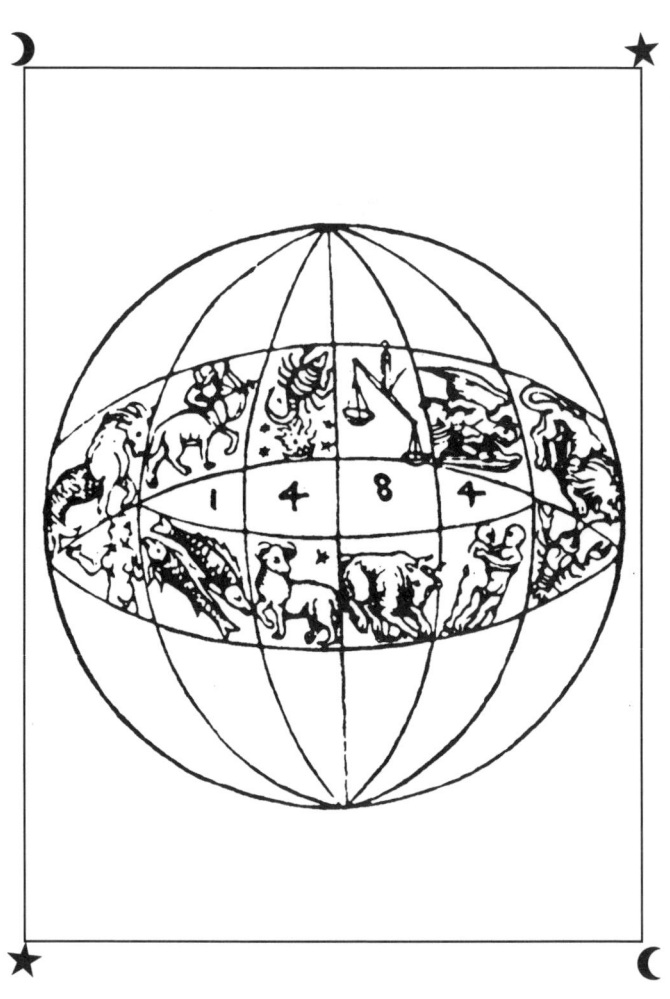

„Rotkäppchen und der Wolf" erzählt von einem Krebs

Es war einmal ein kleines Mädchen, das hieß Rotkäppchen. Es hatte seine Mutter sehr lieb und seine Großmutter auch. Deshalb wollte es seine Oma besuchen, um ihr Wein und Kuchen zu bringen.

Auf dem vertrauten Weg kam Rotkäppchen an vielen Plätzen vorbei, die in ihr Erinnerungen an vergangene Ereignisse weckten; zum Beispiel dieser Stein. Auf ihm saß sie, als sie mit der Mutter und der jüngeren Schwester einen Ausflug machte und die Mutter dabei ein Märchen der Brüder Grimm erzählte.

Sie erinnerte sich noch an die naiven Fragen ihrer Schwester, die nicht begreifen konnte, warum „Hans im Glück" sich so freute, als er wieder nach Hause kam, und was dem Einen, der auszog, das Fürchten zu lernen, an den Fischen auf seiner nackten Haut so gruselig vorgekommen ist.

Oder dort, dieser Weiher. Eigentlich war es mehr ein Tümpel, und wimmelte von seltsamen Lebewesen. Wasserkäfer taumelten durch die schlammige Brühe, kleine Schlangen ringelten sich elegant durchs Wasser, und auf einer Pflanze saß ein dicker Frosch und quakte gemütlich vor sich hin. Rotkäppchen, die sehr geschickt im Nachahmen von Stimmen war, hatte damals nach jedem „Quak" des Frosches zurückgequakt, und daraus war recht bald eine Art Zwiegespräch entstanden.

Oder dort, die kleine Höhle ... „Was ist, wann kommt der Wolf?" wollt ihr wissen.

Ach ja, der Wolf. Der kam ganz plötzlich daher und hatte Böses im Sinn. Er liebte nämlich kleine Mädchen zu erschrecken, und manchmal fraß er sie sogar. Ja, so können Wölfe sein.

Dieser Wolf nun hatte ein Pokergesicht. Man wusste nicht, was er fühlte oder wollte. Nur in den Augen blitzte es manchmal, und Rotkäppchen dachte: Vorsicht!

Doch auch sie ließ sich nichts anmerken, und so gingen die beiden durch den Wald, der immer düsterer und undurchdringlicher wurde. Zudem verschlechterte sich auch noch das Wetter; dicke Gewitterwolken zogen auf, und etwas Dunkles, Drohendes kam über die Landschaft. Hinter den Gesichtern von Mädchen und Wolf lauerte etwas ...

Aber Kinder, ihr braucht euch doch nicht zu fürchten, ich bin ja bei euch!

So etwa könnte ein Krebs das Märchen erzählen. Jedenfalls finden wir hier einige typische Merkmale.

So schwelgt Rotkäppchen immer in Erinnerungen. Krebse haben ein gutes Gedächtnis. Das wird ihnen aber manchmal zum Verhängnis, weil sie so schlecht von der Vergangenheit loskommen und immer an ihrer Kindheit und deren Eindrücken kleben.

Auch die Gegend ist typisch für Krebse: ein düsterer Wald, darin ein kleiner See voller Leben. Und noch etwas können Krebse sehr gut: andere nachahmen.

Die Krebsmutter erzählt das Märchen kindgerecht, denn der Krebs ist ein mütterliches Zeichen mit viel Verständnis für die kindliche Seele. Doch der Krebs ist vor allem sehr gefühlsbetont. Er möchte bei anderen Gefühle hervorrufen, und seien es auch solche der Angst und des Schreckens.

Daher wird es am Schluss unheimlich. Aber die gute Mutter ist sich ihrer Schutzfunktion bewusst und wird wie eine Glucke ihren Mantel der Fürsorglichkeit um die Kinder breiten.

Auf den folgenden Seiten erfahren Sie noch einiges mehr über dieses Zeichen.

Der Krebs und sein Charakter

Der erste Eindruck, den man bei der Begegnung mit einem Krebs-Menschen gewinnt, ist der einer gewissen schalkhaften Verträumtheit. Das drückt sich schon in seiner körperlichen Erscheinung aus.

Der mondhafte Krebs ist meist mollig, rundlich und hat zeitlebens etwas kindhaft Weiches an sich. Ein anderer Typus ist ausgesprochen hager, ja dürr, und doch besitzt er in seinen Bewegungen und Gesten etwas Abgerundetes und Anmutiges. Sein Blick ist weich und träumerisch, sein Wesen sanft und es fordert geradezu zum Behütet- und Umsorgtwerden heraus. Sein Verhalten ist entgegenkommend und dabei doch von einer gewissen Reserviertheit geprägt. Manche Krebse wirken ausgesprochen verspielt und lustig und gewinnen schnell sehr viele Sympathien.

Das Innenleben dieser Menschen ist eine Spielwiese der Romantik. Eine wahre Märchenwelt der Gefühle tut sich auf, wenn man den Krebs näher kennen lernt. Er erzählt gerne von seiner Vergangenheit, von der Kindheit, aus der ihm die kleinsten und nebensächlichsten Dinge in Erinnerung geblieben sind, die ihre Leuchtkraft für ihn bewahrt haben. Seine Phantasie schmückt die Begebenheiten aus. Bald düster-versponnen, bald lustig-anekdotenhaft malt er sich und anderen die Welt aus. Bald besinnlich, bald überschäumend genießt er das Leben, und immer ist der berühmte Hauch leichter Melancholie darüber gebreitet.

Sein Temperament ist lymphatisch, daher ist die Gemütsart bei aller Eindrucksfähigkeit doch eher langsam und träge. Die Eindrücke werden nicht schnell aufgenommen, setzen sich aber nachhaltig fest. Krebse haben ein unglaubliches Gedächtnis. Und da sie überhaupt sehr verletzlich sind, bekommt man Unannehmlichkeiten, die man ihnen einmal zugefügt hat, noch jahrelang vorgehalten. Wie kleine Nadelstiche weiß der Krebs anzügliche Bemerkungen anzubringen. Sie erinnern an längst Vergangenes, was man am liebsten verdrängen möchte, weil es unangenehm ist.

Er hat eine phänomenale Begabung dafür, wunde Punkte ausfindig zu machen und ausgiebig darin herumzubohren. Dabei ist er selbst am empfindlichsten. Er ist mitfühlend und hat eben darum auch ein so hervorragendes Sensorium für die Schwächen anderer. Wen er allerdings als schwach und hilfsbereit ansieht, dem tut er nicht das Geringste zuleide, sondern umsorgt ihn rührend und aufopfernd.

Er fühlt sich im Grunde durch die Stärke der Außenwelt bedroht. Und da er kein Kämpfertyp ist, wehrt er sich mit den Waffen der Ironie und der Versagung.

Der typische Krebs ist ein wahrer Ausbund an Mütterlichkeit. Man sollte immer bedenken, dass diese Eigenschaft nicht an das physische Geschlecht gebunden ist. Auch Krebsmänner lieben es, zu bemuttern, wen auch immer. Die Krebsmutter umsorgt und umhätschelt ihre eigenen

oder angenommenen Kinder mit Entschieden-
heit.

Es ist schwer, bei einem Krebspartner einen Rest
von Freiheit zu bewahren. Der Krebs ist selbst
sehr bindungsbedürftig und erwartet das auch
von denen, die er ins Herz geschlossen hat. Man
sollte sich diesem Zeichen gegenüber nie allzu
stark zeigen. Man soll es einfach sein (denn der
Krebs bewundert dies insgeheim), aber nicht darauf pochen. Denn dann setzt er seine Hinterlist
ein. Er versteht es meisterhaft, Dinge, die der
Freiheitsliebende gerne für sich behalten will,
auszuspionieren.

Was den Stolzen von seinem Podest stürzen
könnte, versteht der Krebs hingegen in Erfahrung
zu bringen. Man darf dabei nie vergessen, dass
er das alles nicht aus reiner Bosheit tut, sondern
dass dies seine Art der Lebensbehauptung ist.
Diese Taktik geht auch nur solange gut, als man
es aus Edelmut oder aus Unwissenheit heraus
unterlässt, ihn selbst bei seiner Verletzlichkeit zu
packen.

Wer den Krebs tief verletzt, kann sich von ihm
verabschieden. Wenn der Krebs auch mit seinen
Nadelstichen der Erinnerung nichts mehr ausrich-
tet, zieht er sich zurück. Er hinterlässt in seinem
Peiniger ein Bündel von Selbstvorwürfen, schlaf-
losen Nächten, fruchtlosen Aktionen und sinnlo-
sen Reuedemonstrationen. Der Wust von Gefühlen, den er einem hinterlässt, wenn er sich auf
Nimmerwiedersehen verabschiedet hat, ist seine
Rache.

Die Entwicklung des Krebses verläuft im Allgemeinen in zwei Abschnitten. Die Phase der Jugend durchlebt er recht abenteuerlustig. Er reist gerne in der Welt herum, singt zur Gitarre und spielt Theater. Er schlägt sich (man muss das nicht unbedingt wörtlich verstehen) mit diesem und jenem, bekommt Schrammen ab und wird allmählich zögernder und nachdenklicher.

Die zweite Phase beginnt daher schon recht früh. Er wird sesshaft, baut sich ein Häuschen, gründet eine Familie und schwelgt in der Erinnerung an die verwegenen Jugendtage.

Diese Entwicklung gleicht der des Tieres, von dem er den Namen trägt. Die Krebse entwickeln erst allmählich ihren harten Panzer. Auch der Krebsmensch baut im Laufe des Lebens einen Panzer um sein weiches und empfindliches Innenleben. Die raue Schale, die ihn in späteren Jahren umgibt, hat er dringend nötig. Denn sein Empfindungsleben wird um nichts ausgeglichener.

Launen und unwägbare Stimmungen verfolgen ihn zeitlebens. Besonders macht ihm der Mond zu schaffen. Bei Vollmond ist mit vielen Krebsen "nicht gut Kirschen essen". Wie der Mond spiegeln Krebse auch die Stimmungen und die Atmosphäre ihrer Umgebung wider: Der Krebs ist traurig mit den Traurigen und munter mit den Munteren. Es ist daher sehr wichtig, ihn bei guter Laune zu halten.

Geschieht dies nicht, so schlägt sein Gemüt Kapriolen. Bald ist er aufsässig, bald verstockt.

Krebse sind Sparmeister. Haben sie erst die unruhige Phase der Jugend überstanden – manche beginnen damit schon recht früh – dann halten sie alles sorglich beisammen. Manche Vertreter dieses Zeichens haben ganze Depots von Nahrungsmitteln angelegt. Sie werfen auch nicht den nebensächlichsten „Krimskram" weg.

Krebsmütter sparen natürlich für ihre Kinder und Kindeskinder. Für schlechte Zeiten haben sie immer etwas auf dem Konto, manchmal auch unter dem Kopfkissen, weil sie das für sicherer halten.

Die Sicherheit ist des Krebses Hauptbestreben. Deshalb haben Versicherungsgesellschaften an den Krebsen eine gute Klientel. Auch das Bausparen liebt er. Und er will sich mit dem Zurückgelegten und Verzinsten auch wirklich ein Häuschen bauen, in dem dann einmal seine Kinder und Enkel wohnen werden.

Er hat Sinn für Tradition und Familienerbe. Sein altes Fotoalbum, ein Deckchen, von seiner Urgroßmutter gestickt, der Ohrenstuhl des Großvaters sind seine Heiligtümer.

Um sich in die Krebsatmosphäre ganz zu vertiefen, lese man Gottfried Keller, der ebenfalls im Zeichen des Krebses geboren wurde. Die idyllische Seite seines launischen Wesens kommt in der bekannten Erzählung „Spiegel, das Kätzchen" zum Ausdruck: Von einem Kater ist die Rede, der klug denken und sprechen kann. Er überlistet einen alten Hexenmeister, der ihm seinen „Schmer", das Fett, und somit das Leben abkaufen will. Der Kater packt den Alten bei seiner Geldgier und verkuppelt ihn so mit einem Weibe, das obendrein auch noch jung und hübsch ist. Dieser Goldschatz ist aber in Wirklichkeit die böse Hexe, die ihm gegenüber in einem Fachwerkhäuschen ihr Unwesen treibt und ihn immer schon von Herzen hasste. Bei Tag gibt sie sich als fromme Begine, bei Nacht aber saust sie auf einem Besen zum Rauchfang hinaus. Nur dann ist sie jung und schön. Bei Tag aber ist sie alt und von abgrundtiefer Hässlichkeit. In dieser Erscheinungsform bleibt sie dem alten Kollegen nun bis ans Lebensende erhalten. Er kann nun hexen – „was das Zeug hergibt" – und das alles in den Diensten der Alten. Der Kater aber begrüßt ihn von da an immer mit den Worten: „Immer fleißig, fleißig?"

Diese Erzählung leitet uns bei aller Idylle in ihrer ausgeprägten Symbolik doch auch zur Betrachtung von manchen absonderlichen Winkeln und Abgründen der Krebs-Seele hin. Es kann zum Beispiel nicht verborgen bleiben, dass sich unter den berühmten Krebsen nicht nur liebenswerte Schauspieler, hochsensible Schriftsteller und gemütstiefe Maler befinden, sondern auch manche beinharte Politiker, Militaristen und dergleichen. Auch Alexander der Große und Julius Caesar waren Krebse.

Wie – der Weiche, Träumerische als Krieger und Welteroberer? Ja, gerade dieser. Erinnern wir uns noch an die Sage von Achill, dem Helden von Troja. Kein Krebs ist von Natur aus Kämpfer oder Haudegen ohne Tiefendimension. Bei diesem

Zeichen verhält sich die Sachlage viel komplizierter.

Wie Achill hat der Krebs eine sehr intensive Mutterbindung. Das Vaterbild verblasst meist dagegen. Manchmal „verzärtelt" ihn die Mutter, manchmal stachelt sie seinen Ehrgeiz an, manchmal auch beides zugleich. Viele Krebse fühlen von Kindheit auf ein Defizit von dem, was man so gemeinhin als Härte und Männlichkeit versteht.

Anfangs fühlt sich der Krebs in einem Klima von Weiblichkeit und Umsorgtwerden noch recht wohl. Wie Achill versteckt er sich dann bei den Frauen, um nicht in die Schlacht ziehen zu müssen.

Doch es bedarf oft nur eines Schlüsselerlebnisses, eines Ereignisses, das seine Emotionen wachruft; nun möchte er alles nachholen, was er an Aggression versäumt hat. Wenn der Krebs also zum Kämpfer wird, geschieht es praktisch immer aus einer Art „Trotzdem-Standpunkt", aus einer Reaktion heraus. Auch Hemingway hat sich ganz bewusst und mit viel gefühlsbestimmter Erwägung entschlossen, am Spanischen Bürgerkrieg teilzunehmen. Er betont, wie alle kriegerischen Krebse, auch etwas zu sehr das Männliche, als dass wir es ihm als Selbstverständlichkeit abnehmen könnten.

Es gibt also nicht wenige Krebse, die Bodybuilding betreiben, Sportschützen werden, sich bei Militär zu den härtesten Einheiten melden und dort meist die größten Erfolge erzielen. Aber alles dieses ist letztlich nur jener berühmte Panzer, mit dem er sein allzu sanftes und empfindliches Innenleben nach außen hin verbergen und schützen will. Er will sich selbst und den anderen beweisen, dass er ja gar nicht so ist, wie man vielleicht bei genauerem Hinsehen entdecken könnte. Und er will sich gleichzeitig vom übermächtigen Mutterbild losreißen und dennoch die hohen Erwartungen erfüllen, die seine Mutter an ihn gestellt hat.

So kann es kommen, dass ausgerechnet der so stark weiblich und mütterlich bestimmte Krebs bei anderen Mangel an Härte und Männlichkeit mit verachtendem Spott bedenkt und sich und anderen dauernd vorzustellen bemüht ist, was er doch für ein prächtiger Kerl sei.

Auf jeden Fall ist der Krebs ein äußerst triebhaftes Wesen. Er erlebt die Welt in ihren äußeren, vor allem aber in ihren inneren Dimensionen überaus intensiv, hintergründig, und kann von Dingen fasziniert sein, an denen andere achtlos vorbeigehen. Wie kaum ein Zweiter hat er eine Witterung für das, was ungesagt bleibt, für Andeutungen und für Stimmungen.

Er nimmt sich kein Blatt vor den Mund und kanzelt die Leute bisweilen geradezu ab. Es gibt nichts Traurigeres als einen frustrierten Krebs. Der kann boshaft, bissig, hinterhältig, verschlagen, intrigant, heuchlerisch werden – ein rechtes Ekel. Aber die Wandelbarkeit des Mondes, dem er ja untersteht, verhindert zum Glück, dass er allzu lange in einem solchen misslichen Zustand verharrt. Seine stets wache Sinnlichkeit versteht es, sich einen Ausgleich zu verschaffen, einen Platz, wo er wieder genießen und er selbst sein kann. Dann ist er wieder eine Quelle der Heiterkeit, des Humors und der Behaglichkeit für seine gesamte Umgebung.

Der Krebs braucht also viel Liebe und Zuneigung, Verständnis für seine Launen und ein dankbares Publikum für seine drolligen Kapriolen. Nicht selten verhindert die starke Mutterbindung, dass er eine Ehe eingeht. Doch er kann auch auf andere Art Geborgenheit finden. Sei es nun ein Freundeskreis oder ein familiäres Arbeitsklima, ein trautes Heim oder eine Liebhaberei, etwas braucht der Krebs, woran er seine Seele binden kann. Das kann auch die Religion sein. Der Krebs hat die wahre, tiefe, innerliche Frömmigkeit erfunden.

Das Wasser ist sein Element. Man wird ihn oft an den Gestaden eines Sees, am Meeresstrand oder in romantischen Flusslandschaften antreffen. Vielleicht besitzt er auch ein Boot oder gar eine Hochseejacht. Ein Haus am Wasser ist für ihn geradezu ideal. Wenn er taucht und schwimmt, kompensiert er am wenigsten, sondern er ist wirklich eins mit sich und seinem Element.

Natürlich liebt er auch das Mondlicht, Nachtstimmungen, verwunschene Paläste, geheimnisvolle Ruinen und düstere Laubengänge.

Er wohnt lieber im eigenen Haus als in einer Mietwohnung. Er lässt sich dieses Haus aber nicht gerne einfach vom Baumeister hinstellen, sondern entwickelt selbst Phantasie und Kreativität in der architektonischen Gestaltung vor allem der Innenräume.

Wenn er ein bereits bestehendes Haus bezieht, so wird er gewiss einer alten Villa den Vorzug geben. Je mehr es einem Hexenhaus ähnelt, desto besser. Es muss Türmchen und Erker besitzen, verschnörkelte Giebel und Grotesken. Im Wohnzimmer muss ein behagliches Kaminfeuer prasseln, und die Küche ist am besten eine Rauchküche mit einem geheimnisvollen, großen, schwarzen Abzug.

Krebse lieben die Magie, die Parapsychologie und die Geisterbeschwörung. Natürlich sind auch ausgezeichnete Astrologen unter ihnen. Niemand versteht es wie sie, Märchen zu erzählen, Beulen zu kurieren und heiße Umschläge zu machen, wenn das Kind krank ist.

Er kennt sich auch mit Heilkräutern aus und kennt bestimmt für jedes Wehwehchen ein Hausmittel. Der Krebs im Haus ersetzt Zimmermann, Koch, Krankenpfleger und Fernsehapparat.

Bei der so überragenden Bedeutung der Mutter für dieses Zeichen kann man für den Umgang mit Krebsen geradezu eine feste Regel aufstellen. Man bringe das Wesentliche über seine Mutter in Erfahrung und betrachte die Beziehung, die der Krebs zu ihr hat. Das gilt in gleicher Weise für Krebsfrauen und Krebsmänner. Im Allgemeinen ist die Mutter-Tochter-Beziehung meist eine innigere. Dies gilt allgemein für die meisten Menschen – unabhängig von ihrem Sternzeichen. Doch beim Krebs werden diese Beziehungen wahrlich zum Lebensschicksal.

Frauen, die Probleme mit dem Mutterbild haben und sich nicht mit der herkömmlichen Mutterrolle identifizieren können, haben doppelt so viel Seelendramatik aufzuweisen, wenn sie in diesem Mutter-Zeichen geboren sind. Krebs-Söhne, die mit ihrer Mutter in Spannung leben, weisen eine ähnlich gesteigerte Psychodynamik auf.

Früher gab es den Typus der „alten Jungfer", ein bedauernswertes Geschöpf, das weder Mann noch Kind bekam und doch durch die Erziehung auf nichts als das Weibchen-Schema trainiert wurde. Auch eine solche Konstellation ist Krebsbezogen. Ein Gegenstück wäre das „Muttersöhnchen", das weder kompensiert noch sublimiert, sondern ein Leben lang an der mütterlichen Kittelfalte hängt.

Von besonderer Bedeutung für die Krebse sind diese herkömmlichen Rollenklischees. Hier tun sich im Allgemeinen die Krebs-Männer wesentlich schwerer.

Vor allem aber sollten alle Vertreter dieses Zeichens keine Angst vor Gefühlen haben. Emotionen sind – bewusst gelebt – auch als aktive Kräfte einsetzbar. Das Wasser birgt ungeheure Energien. Und selbst der Tropfen höhlt, wenn er stetig wirkt, den härtesten Stein.

Der Krebs im Beruf

Die typischen Krebs-Berufe hängen alle mit den verschiedenen Analogien dieses Zeichens zusammen.

Da wäre einmal das Wasser: alle Berufe, die mit der Schifffahrt und Fischerei zusammenhängen, sind Domänen dieses Zeichens. Auf Booten und Schiffen hält sich der Krebs gerne auf. Ob als alter Seebär oder Arbeiter in einer Werft, in beiden Fällen kommt dieses Zeichen ausgiebig mit Dingen und Gräten in Kontakt, die sich den Erfordernissen des nassen Elements anpassen müssen.

Übt er solche Tätigkeiten nicht als Beruf aus, so wird sich der Krebs doch gerne ein Hobby wählen, das diesen Professionen entspricht. Er wird sich etwa bei einem Ruder- oder Jachtklub einschreiben und ausgedehnte Bootspartien unternehmen. Oder er wird als Hobbyangler an Seen den ihm gemäßen Ausgleich suchen.

Mit der Mütterlichkeit hängen natürlich viele so genannte Frauenberufe zusammen. Die Hebamme gibt es ja nur mehr vereinzelt, doch diese Aufgabe wäre der Krebsfrau als Beruf auf den Leib geschrieben. Doch vielleicht wird sich ein Krebs-Mann als Mediziner besonders für Geburtshilfe interessieren und in einer solchen Klinik arbeiten.

Eine Mischung aus Flüssigkeit und Mütterlichkeit führt durch Analogie zu der Berufssphäre des Gastwirts. Er schenkt Getränke aus, sollte eine heimelige und vergnügte Atmosphäre schaffen und seine Gäste zum Wiederkommen und Konsumieren wie selbstverständlich animieren. Der gute Wirt ist tatsächlich so eine Art Mutter. Zumeist steht er hinter der Theke, unermüdlich an der Bierzapfsäule die Gläser füllend. Man kann aber auch mit ihm plaudern, und bisweilen mischt er sich wohl auch unter seine Gäste, setzt sich zu ihnen an einen Tisch, und so kann man sich fast wie zu Hause fühlen.

Das Gleiche gilt für den Barkeeper und – ganz typisch – für die Bardame. Sie schenkt nicht nur mehr oder minder hochprozentige Drinks aus, sondern ist auch Trostspenderin und Beichtmutter für die vielfältigen Sorgen und Kümmernisse ihrer Gäste. Man kann sich bei ihr manches von der Seele reden, und das geht umso leichter, als dabei auch die Kehle nicht austrocknen kann.

Der Krebs fühlt sich desgleichen in seinem Element, wenn er berufsmäßig einem Haus vorstehen kann. Das kann ein Hotel oder eine Pension sein, aber auch ein Pensionat oder Erziehungsheim.

Der Krebs wird immer die Arbeit in einer häuslichen Atmosphäre der in einem unpersönlichen Massenklima vorziehen. Auch der Mann wird eher geneigt sein, als „Hausmann" tätig zu sein. Heimarbeit wird bevorzugt.

Auch in einem kleinen Büro, einem Lebensmittelgeschäft – keinem Supermarkt –, oder in einer Konditorei wird sich dieses Zeichen „zu Hause" fühlen. Die Nahrungsmittelbranche ist deshalb bevorzugt, weil auch sie mit dem ernährenden und versorgenden mütterlichen Prinzip in Zusammenhang steht.

Als Schauspieler oder in der Unterhaltungsbranche im Allgemeinen wirkt der Krebs durch seine gemütvolle Heiterkeit und durch seine Geborgenheit ausstrahlende Wesensart. Mit ihm kann sich der „kleine Mann" identifizieren, er ist volkstümlich und dabei besinnlich, er versteht es, allgemein Verbindliches auf persönliche, geradezu intime Weise nahe zu bringen. Nur ein Krebs wie Peter Alexander konnte „die kleine Kneipe in unserer Straße" so überzeugend besingen.

So kann es auch kommen, dass manche Krebse in einem kleinen, intimen Kreis erstaunliche Unterhalter-Qualitäten entfalten. Sie werden etwa in einem Verein oder in einer geselligen Runde Gedichte verfassen, launige Lieder und Anekdoten vortragen und die Runde zu ausgelassenen Gesellschaftsspielen anregen.

Generell strebt der Krebs im Berufsleben mehr nach Sicherheit als nach raschem Geldverdienen. Er eignet sich daher für die Beamtenlaufbahn vorzüglich.

Obwohl er ein wandelbares Prinzip verkörpert, wechselt er doch nicht so sehr aus eigenem Antrieb den Arbeitsplatz. Er wird allerdings oft im Laufe seines Lebens dahin und dorthin verschlagen, und seien es auch nur verschiedene Abteilungen innerhalb eines größeren Betriebes. Doch mit zunehmendem Alter setzt er sich immer mehr fest, entwickelt liebe Gewohnheiten, ja „Schrullen", und kann als Chef ein richtiger Vater – oder besser: eine Mutter – werden.

Da sein Zeichen ein kardinales, anstoßgebendes ist, kann er durchaus eine beachtliche Strebsamkeit entfalten, doch geht auch hierin alles nach dem Grundsatz „zwei Schritte vorwärts, einer zurück" vor sich. Seine Dynamik wird nie so ausschließlich und bedingungslos sein, dass er nicht doch gehörige Rücksicht auf alle möglichen Absicherungen und Gewissheiten legte.

Der Krebs-Angestellte ist eine eigenwillige und nicht unbedingt grenzenlos anpassungsbereite Persönlichkeit. Wichtig für ihn ist, dass sein Arbeitsplatz die schon bekannte krebshafte Atmosphäre ausstrahlt. Seine Kollegen betrachtet er gerne wie Verwandte, er bringt ihnen Hilfsbereitschaft wie Vertraulichkeit entgegen.

Auf seine kleinen Bosheiten und Sticheleien muss man sich einstellen, sie sind nur in Ausnahmefällen Ausdruck einer Antipathie. Den Launen des Krebses sollten die Mitarbeiter Verständnis entgegenbringen. Auch wenn er sich in einem Arbeitsklima wohlfühlt, kann es vorkommen, dass er des Morgens mit dem falschen Fuß aufgestanden ist, und man daher den ganzen Tag über nichts Rechtes mit ihm anfangen kann. Doch solche Stimmungen gehen vorbei.

Das Arbeitstempo des Krebses ist zwar durchschnittlich nicht das schnellste, doch er versteht es, sich den leistungsmäßigen Erfordernissen flexibel anzupassen. Wenn nur das Arbeitsklima stimmt, erbringt er im Schnitt durchaus die erwarteten Leistungen. Dazu kann er eine richtige Liebe zu einer bestimmten Tätigkeit entwickeln. Wenn man solche persönlichen Spezialleistungen schätzt und würdigt, kann man Immenses aus ihm herausholen. Es ist besser, an seine Hilfsbereitschaft zu appellieren als an sein Pflichtbewusstsein. Abstrakte Erwägungen liebt er nicht, wohl aber persönliche Motive.

Der Krebs-Chef ähnelt im positiven Fall einem treu sorgenden Familienvater, im negativen einem Haustyrannen. Doch auch hierbei hängt alles vom Arbeitsklima ab. In unpersönlicher Umgebung neigt er dazu, sich „einzuigeln" und aus dieser Verschanzung heraus diktatorische Weisungen auszugeben. Lässt sich aber sein Verantwortungsbereich familiär und persönlich auffassen, so motiviert er seine Mitarbeiter durch Verständnisbereitschaft, Entgegenkommen und menschliche Wärme.

Krebse können auch sehr gute Händler und Geschäftsleute sein. Dabei kommt ihnen vor allem zugute, dass sie sich weniger an Logik und Sachlichkeit orientieren, sondern sich vielmehr auf ihre Gefühle verlassen.

Durch seine Beziehung zum Haus gibt dieses Zeichen auch gute Architekten ab. Hier ist es aber wieder eher die Kleinarchitektur und vor allem die Innenraumgestaltung, der sich der Krebs mit Vorliebe zuwendet.

Gemäß dem widerspiegelnden Mondprinzip besitzt er nachahmende Fähigkeiten. Viele Krebse können sowohl Tierstimmen als auch den Tonfall verschiedenster Sprachen ausgezeichnet nachahmen. Kommt dazu noch durch andere Einflüsse ein gewisses verstandesmäßiges Vermittlungstalent, so lernt er Fremdsprachen mit großer Schnelligkeit. Auf jeden Fall aber eignet er sich eine Sprache rasch an, wenn er sich im Lande aufhält, wo diese gesprochen wird.

Der Krebs in der Freizeit

Urlaub:

Sie brauchen einen ruhigen, stillen, häuslichen Urlaub, möglichst im Kreis einiger weniger, sehr vertrauter Personen. Die Gegend sollte heimelig sein. Ein schönes Tal, ein ruhiger See, eine stille Alm, eine Lichtung im Wald – das sind Orte, in denen sie sich als höhlenliebender Krebs wohlfühlen müssten.

Wenn Sie verreisen, dann sollten Sie unbedingt auf gute Gesellschaft achten. Die ist in Ihrem Fall viel wichtiger als das Reiseziel. Am besten ist ein Begleiter/eine Begleiterin, zu dem/der ein inniges und problemloses Verhältnis besteht.

Oder aber Sie nehmen Ihre Kinder mit in der Urlaub. Das Alter spielt dabei keine Rolle; für Sie als Krebs-Mutter oder -Vater sind die Kleinen ohnedies immer Wesen, die man ausgiebig bemuttern muss.

Aber warum bleiben Sie nicht gleich zu Hause? Da gibt's alles, was Sie brauchen: Freunde, häusliche Wärme und Ihre Hobbys.

Hobbys:

Als Krebs sind Sie gleichzeitig Massenmensch und Eigenbrödler. Diesen Widerspruch überwinden Sie am besten innerhalb eines Hobbys, das Sie allein betreiben können, über das Sie aber auch mit Gleichgesinnten im vertrauten Kreis plaudern können.

Sie wären ein guter Sammler von Dingen, die man im Haus braucht oder mit Wasser zu tun haben. Dabei kann es sich um altes Silberbesteck handeln, aber auch um Bierdeckel oder Muscheln. Oder Sie stricken Pullover für Ihre Bekannten.

Sicher sind Sie der Musik zugetan. Musik erzeugt Gefühle und das gefällt Ihnen. Vielleicht sind Sie ein guter Stimmenimitator oder Pantomime. Damit können Sie Ihre Bekannten unterhalten. Besonders Kinder schwärmen für solche Auftritte.

Nicht zuletzt sind Krebse auch hervorragende Köche und Kellner. Wie wär's als Hobby-Koch für den kleinen Bekanntenkreis? Oder nachts aushilfsweise als Barkeeper in einer gemütlichen Kneipe? Ihre Stammkunden werden Ihre wohl wollende Aufmerksamkeit und menschliche Zuneigung zu schätzen wissen. Und Sie werden sich wohl fühlen im Kreise netter Leute.

Krebse beschäftigen sich gern mit der Vergangenheit und mit menschlichen Gefühlen. Daraus können Sie auch ein Hobby machen, indem Sie sich als Amateur-Psychologe betätigen. Wer weiß, vielleicht entdecken Sie auf diese Weise das Geheimnis Ihrer Kindheit.

Eine typische Krebs-Eigenschaft ist die Fähigkeit, sich in ein Hobby oder eine Arbeit zu verbeißen. Das kommt besonders denen zugute, die am Computer hocken und ein Programm durch mühsame Fehlerkorrekturen zum Laufen kriegen wollen. Dafür sind Sie hervorragend geeignet. Ihrem Partner wird das aber weniger gefallen!

Der Krebs und seine Gesundheit

Krebse sind empfindsam, sensibel und nachtragend. Kummer, seelisches Leid und gefühlsmäßige Kälte setzen ihnen mehr zu als Bakterien und Viren. Vieles ist bei ihnen versteckt, auch ihre Krankheiten. Plötzlich geht's dann nicht mehr, und der Magen hat ein Geschwür, das Herz flattert oder eine starke Erkältung wirft ihn/sie zu Boden. Ursache ist meist ein langanhaltender Kummer.

Darum brauchen Krebse, wenn sie krank werden, nicht unbedingt Pillen und schon gar keine technischen Apparaturen. Gesund werden sie am ehesten durch menschliche Anteilnahme, Fürsorge, und vor allem durch eine Umgebung, in der sie als Menschen akzeptiert werden. Sie brauchen das Gefühl, dass sich jemand um sie kümmert, dass man sie liebt und sich um sie sorgt. Die Behandlung wird dann dadurch oft nebensächlich.

Auch muss man ihnen Mut machen, Optimismus verbreiten und sie zum Lachen bringen. Das ist immer noch die beste Medizin.

Die Krankheiten des Krebses

Dem Zeichen Krebs untersteht die Brust- und Magengegend. Das sind auch die Stellen, an denen der Krebs am empfindlichsten ist.

Wie schon erwähnt, schlägt sich beim Krebs seelische Unordnung ziemlich schnell auf den Magen. Unser Magen ist an sich schon empfindlich. Er produziert eine starke Säure (eine Verwandte der Salzsäure), die bei seelischem Leiden die Mageninnenwand angreifen kann. Und das führt dann zu Gastritis und Magengeschwüren. Im harmlosen Fall gibt es Verdauungsbeschwerden (Durchfall oder Verstopfung), saures Aufstoßen oder einfach ein Schweregefühl im Magen nach dem Essen.

Speiseröhre oder Brustwirbel, Zwerchfell und Bauchspeicheldrüse können ebenfalls in Mitleidenschaft gezogen werden. Bei Frauen sind auch die Brüste und die Milchdrüsen gefährdet; das gilt vor allem bei Schwangerschaften. Eine schonende Vorsorge-Untersuchung ist hier besonders am Platz.

Als Wasserwesen behalten Krebse oft Wasser im Gewebe, weswegen sie manchmal schwere Beine haben. Durch eine richtige Ernährung (salzarm) kann man diesem Problem begegnen.

Viele Krankheiten des Zeichens Krebs sind, wie man sagt, psychosomatisch bedingt. Die Seele beeinflusst hier den Körper. Krebse denken zu oft an die Vergangenheit, an erlittenes Unrecht (auch wenn es nur eingebildet ist), an alltägliche Sorgen und Probleme. Und wenn sie verschlossen sind, was oft der Fall ist, dann wühlen diese Gedanken im Inneren und schädigen irgendwann die Organe.

Durch eine angemessene Lebensweise und Ernährung kann der Krebs aber etwas für die Gesundheit tun.

Was der Krebs für seine Gesundheit tun kann

Angemessene Lebensweise:
Jede einseitige Lebensweise ist schlecht. Sich in die schlimmen Dinge des Lebens zu verbohren bringt nichts. Offenheit, Nachsicht, Fröhlichkeit und Vergessen sind die Zauberworte für den ängstlichen Krebs. Es lohnt nicht, in der Vergangenheit zu wühlen, sein Herz an Verlorenes zu hängen, sich an Menschen und Dinge zu klammern oder sich von aller Welt verfolgt zu fühlen.

Krebse sollten vor allem darauf achten, dass sie in einer gefühlsmäßig positiven Umgebung leben. Wo versteckte Aggressionen, Intrigen und andere Gemeinheiten an der Tagesordnung sind, da kommen auch die Krankheiten. Eine lustige, offene und nicht nachtragende Gesellschaft, das ist es, was Krebse brauchen.

Ernährung:
Krebse haben oft schreckliche Angst davor, zu verhungern. Darum stopfen sie manchmal in sich hinein, was da ist. Weil aber ihr Magen ohnedies sehr empfindlich ist, führt das leicht zu einem verdorbenem Magen und zu Verdauungsstörungen.

Darum müssen Krebse lernen, langsam und nicht zu viel zu essen. Sie sollten sich zu Feinschmeckern entwickeln, nicht zu Vielfräßen! Mehrere kleine Mahlzeiten sind besser als ein Riesenmahl.

Und wenn gegessen wird, dann unbedingt in einer angenehmen Atmosphäre. Kein Streit, keine Auseinandersetzungen, keine problematischen Diskussionen beim Essen! Der verantwortungsbewusste Krebs schafft am Mittags- und Abendtisch eine ruhige, freundliche, herzliche Atmosphäre.

Therapien:
Der kranke Krebs braucht in erster Linie Therapien, die seinen Optimismus und seine Fröhlichkeit stärken. Ihm helfen humorvolle Filme oder fröhliche Gruppen-Aktivitäten. Eine ausgewogene Diät, eine ruhige Umgebung und menschliche Wärme machen ihn bald wieder gesund.

Seine tiefliegenden Probleme wird er am besten in einer Psychotherapie los (Rückführung in die Kindheit): Meditationen, Bild-Erleben und positive Suggestionen helfen ihm.

Als Wasserzeichen spricht er natürlich auch auf Wasserbehandlungen an: Bäder, Kräutertees und Wassergüsse.

Das homöopathische Mittel für den Krebs ist Kalzium fluoratum. Als Tabletten in der Potenz D6 ein- bis dreimal täglich regelmäßig genommen, kann es Wunder wirken.

Der Krebs als Kind

Eben noch hat ihr Krebs-Baby zufrieden ge-lächelt. Jetzt, mit einem Mal, verzieht es sein win-ziges Gesicht, und dicke Tränen kullern ihm über die Wangen.

Hunger kann es keinen haben. Es ist frisch ge-wickelt und Leibschmerzen scheiden als Ursache ebenfalls aus. Was also ist passiert?

Geben Sie's auf, darüber nachzugrübeln! Es kann ein Luftzug gewesen sein, der dieses empfindli-che Geschöpfchen getroffen hat, ein Blick, eine Geste, die es eingeschüchtert und zum Weinen gebracht haben. Ein zu lautes Wort vielleicht hat Schuld. Oder der Mond, der ja der Schutzpatron Ihres kleinen Krebses ist.

Dass er in ständigem Rhythmus seine Gestalt verändert, sehen wir von der Erde aus. Doch un-ter den Krebsen findet man so manchen, der die-sen Wechsel auch spürt. Sie sind offen für alle Einflüsse, und dazu gehören auch jene Dinge, von denen unsere Schulweisheit ... – aber das schlagen Sie besser in den Büchern nach!

An die Empfindsamkeit Ihres Krebs-Babys wer-den sie sich schon noch gewöhnen, ebenso an die intensive Pflege und Fürsorge, die es braucht. Als berufstätige Mutter sollten Sie Ihren Mutter-schaftsurlaub voll ausschöpfen oder nach Mög-lichkeit verlängern. Schöner wäre es natürlich, überhaupt zu Hause zu bleiben, zumindest so lange, bis Ihr kleiner Krebs aus dem Gröbsten heraus ist. Als Vater werden Sie einige typische männliche Verhaltensweisen ablegen müssen. Aber möglicherweise entdecken sie in einem Winkel Ihrer Seele ein paar Eigenschaften, die es Ihnen erleichtern, sich mit Ihrem mimosenhaft-komplizierten Nachwuchs anzufreunden. Dann wird Ihnen auch das Wickeln und Füttern mehr Spaß machen.

Ihr Krebs-Baby ist übrigens ein ausgesprochen guter Futterverwerter. Es setzt mehr Babyspeck an, neigt mehr zur Passivität als andere Kinder. Weder mit dem Aufstehen noch mit dem Laufen-lernen beeilt es sich sonderlich. Lieber krabbelt es auf allen Vieren oder sitzt in einer Ecke seines Laufställlchens, scheinbar vor sich hin philoso-phierend. Nach wie vor aber ist sein Tränenkrüg-lein randvoll und droht beim geringsten Anlass ganz und gar überzulaufen.

Häufig genügen schon ein Tadel oder eine unbe-dachte Bemerkung. Ein Klaps auf das Hinterteil – für den zwar hier nicht plädiert werden soll, der aber von anderen Kindern meist ohne seelischen Schaden verkraftet wird – artet unter Umständen zu einer regelrechten Katastrophe aus. Er kann Ihren kleinen Krebs so nachhaltig in die Defensive drängen, dass mit ihm längere Zeit nichts Ver-nünftiges anzufangen ist. Er zieht sich in sein Schneckenhaus zurück und Sie müssen sehen, wie sie ihn wieder herauslocken.

Mit strafender Miene wird es Ihnen jedoch nicht gelingen. Auch liebevolles Zureden reicht nicht immer aus. Ihn um Verzeihung zu bitten, ist manchmal Ihre einzige Chance. Ein andermal aber – o Wunder – kommt er von selbst und tut, als wäre nichts gewesen, einfach weil seine Stimmung umgeschlagen hat. Oder weil der Mond jetzt günstiger steht.

Es sind jedoch nicht nur Strafen, die sein heikles Innenleben durcheinander bringen: Ob Handwerker, Wohnungswechsel, ohne ihn verbrachter Urlaub oder Ehekrach – er reagiert mit der Präzision eines Seismographen, ist verunsichert und verstimmt oder, je nachdem, bockbeinig und verschlossen.

Ein Patentrezept, das eine vollkommen richtige Behandlung Ihres Krebs-Kindes garantieren würde, gibt es leider nicht. Aber vielleicht sollten Sie Ihre Phantasie ein wenig anstrengen. Die besitzt Ihr Krebslein nämlich auch, und zwar im Übermaß. Sie ist es, die ihm Bedrohliches vorgaukelt, wo es, real gesehen, gar keine Bedrohung gibt. Bis es klar denken kann und weiß, wo es die Grenzen ziehen muss, wird noch viel Zeit vergehen. Einstweilen träumt es seine Wirklichkeit und lebt seine Phantasie.

Immer ist seine Einbildungskraft zum Glück nicht furchteinflößend. Wenigstens zeitweilig erweckt sie auch Teddybären und Puppen zum Leben oder lässt Plüschtiere imaginäre Wälder bevölkern. Sie verwandelt zerschlissene Seidenschals in Brautgewänder, fleckige Tischtücher in einen Köngismantel und einen Kochtopf ohne Henkel in einen Astronautenhelm.

Hand aufs Herz: Ist es nicht eine Freude, Ihr Krebs-Kind auf diese Weise stundenlang beschäftigt zu sehen? Gar nicht zu reden von dem materiellen Vorteil, sind doch die mitunter recht kostspieligen Besuche im Spielzeuggeschäft auf wenige und besondere Anlässe reduziert.

Nicht so angenehm ist es, die Worte „Träumer" und „Phantast" aus Lehrermund vernehmen zu müssen. Das wird Ihnen allerdings kaum erspart bleiben, denn Ihr kleiner Krebs ist, was die Aufmerksamkeit betrifft, nicht gerade ein leuchtendes Vorbild für den Rest der Klasse, obwohl er gutwillig und durchaus lernbereit ist. Es passiert ja ohne böse Absicht, dass seine Phantasie ihn in ferne Länder, in die Vergangenheit oder sonstwohin entführt, während seine Mitschüler sich mit dem Einmaleins abplagen. Dass er dann nicht wie aus der Pistole geschossen vermelden kann, wie viel sieben mal neun ist, liegt klar auf der Hand.

Glücklicherweise ist er aber leicht zu lenken und arbeitet besonders dann eifrig mit, wenn er sich mit dem Lehrstoff identifizieren kann und dieser auch lebendig vorgetragen wird. Trockene Gegenstände sprechen ihn in der Regel wenig an. Dagegen spielen Sympathie und Antipathie eine entscheidende Rolle.

Liegt ihm ein Lehrer nicht, so werden seine Leistungen sehr zu wünschen übrig lassen. Vielfach besteht überhaupt die Neigung, nicht für sich selbst zu lernen, sondern zu lernen, um Anerkennung und Lob von einer verehrten Bezugsperson zu erhalten.

Neben der Mutter, zu der das Krebs-Kind fast immer eine ungemein starke Beziehung hat, kann das auch eine Lehrerin oder ein Lehrer sein. Wobei es eher unwahrscheinlich ist, dass diese Person Turnen unterrichtet.

So fremd sportlicher Ehrgeiz nahezu allen Krebsen ist, so gerne beschäftigen sie sich mit ihren Sammlungen. Sollten Sie der Ansicht sein, Sammelleidenschaft erschöpfe sich gemeinhin in Briefmarken, Bildern und altem Porzellan, wird Ihr Sprössling sie eines Besseren belehren. Er sammelt nämlich – und zwar alles! Und alles ist ihm ungeheuer wertvoll. Deshalb ein guter Rat: Lassen Sie ihm die Freude. Tasten Sie seine Besitztümer nicht an, mögen sie Ihnen auch noch so sehr im Wege sein. Würden Sie sich denn am Wintervorrat eines Eichhörnchens vergreifen? Na, sehen Sie! Ihrem kleinen Krebs etwas wegzunehmen, käme einem Frontalangriff gegen seine Sicherheit gleich, derentwegen er so viele Dinge hortet. Er könnte Ihnen das weder verzeihen noch vergessen, und Sie bekämen es womöglich bei seiner Verlobungsfeier vorgehalten. Oder bei seiner Silberhochzeit ...

Peinlich? Nun, wie man's nimmt. Er hat eben ein Gedächtnis, das es jederzeit mit dem eines Elefanten aufnehmen kann. Er liebt es, in der Vergangenheit zu kramen und es ist erstaunlich, wie genau er sich weit zurückliegender Begebenheiten entsinnt. Fragen Sie ihn nur, wenn Ihnen einmal etwas entfallen ist. Er wird es sicherlich wissen, ebenso wie er Ihnen die Geburtstage sämtlicher Verwandter auswendig hersagen kann.

Sie dürfen ihn dann auch loben. Lob verdreht ihm nicht den Kopf, sondern stärkt sein etwas zu kurz gekommenes Selbstbewusstsein. Es hilft ihm, seine Schüchternheit zu besiegen, die er oft überspielt, aber nie ganz abzulegen vermag.

Die unangenehm auffallende Rüpelhaftigkeit ist übrigens nur eine Tarnung. Instinktiv fühlt er, wie verletzlich er in seinem Innersten ist.

Also baut er einen Schutzwall um seinen weichen Kern, damit dieser sich nicht an der rauen Wirklichkeit wundscheuert.

Bringen Sie dafür Verständnis auf. Lachen Sie nicht über seine Schwächen. Wo soll er schließlich er selbst sein dürfen, wenn nicht in der Familie, mit der ihn von Geburt an ein festes Band verknüpft? Dehnen Sie diese unsichtbare Nabelschnur, sobald er älter wird. Von sich aus fällt ihm das schwer, und er bleibt unter Umständen länger, als es seiner Entwicklung förderlich ist, an Ihrem Rockzipfel hängen. Bis dahin aber braucht er oder sie viel, viel Nestwärme. Krebskinder müssen sich geborgen fühlen können; für sie ist die Familie stets Zufluchtsort vor möglichen Gefahren und Gegenpol zur rauen Außenwelt.

Ganz verlassen wird Ihr Krebs-Kind Sie nie. Es wird auch für Sie da sein, falls Sie es eines Tages brauchen. Und so sind letztlich all die Liebe, die Zuwendung und das Verständnis, das es Ihnen abverlangt hat, nicht verloren. Vielleicht haben Sie mehr als andere Eltern diese Gefühle in die eigene Zukunft investiert.

Der Krebs in der Liebe

Der Krebs-Mann in der Liebe

Er ist wahrscheinlich einer der letzten großen Romantiker in Herzensangelegenheiten und würde gerne in die Rolle eines tapferen Musketiers schlüpfen, um seine liebreiche, holde Angebetete aus den Klauen ihres bösartigen Stiefvaters zu befreien. Mit ihr zusammen auf einem Vollblut-Araber würde er säbelschwingend durch die Reihen seiner Feinde hindurchreiten. Endlich, nach tagelangem Ritt durch Wildnis und Einöde, würde er sie in sein geheimnisvolles Schloss fern jeder Zivilisation führen, um hier mit ihr sein Glück zu finden. Und wenn sie nicht gestorben sind, dann leben sie auch heute noch ...

Doch Säbel sind äußerst scharf und könnten jemanden wirklich verletzen und sein trockener, alltäglicher Bürojob lässt ihm kaum Zeit, seine Tagträume zu Ende zu träumen. So bleibt unserem sensiblen Krebs-Mann wirklich nichts anderes übrig, als sich in die eigenen vier Wände zurückzuziehen und sein ureigenstes Weltbild träumerisch zu gestalten.

So sind sie nun mal, die Krebs-Männer. Geprägt von den Wesenskräften des Mondes, unterliegen sie, wie der Wechsel von Voll- zu Neumond, ihren wechselhaften Stimmungen und Seelenschwankungen. Sie sind voller Mitgefühl. Ihr typisch weibliches, stark ausgeprägtes Einfühlungsvermögen lässt sie in den meisten männlichen Augen als verweichlichte Phantasten und als geborene Verlierer erscheinen. Besonders, wenn er einen Mitstreiter um die Gunst seiner Angebeteten aus dem Rennen schlagen muss. Hier soll gefälligst die Frau entscheiden, wen sie nun wirklich liebt, und nicht auf den erstbesten, kraftstrotzenden „Ober-Pavian" hereinfallen.

Männliches Imponiergehabe ist ihm eigentlich völlig fremd, denn die ihn gestaltenden Mondeinflüsse sind mehr im emotionalen, seelischen Bereich der Psyche verankert. Im Grunde ist er ein geborener Menschenkenner. Dieses kosmische Talent lässt ihn daher auch nicht im Stich, um sich eine wirklich voll und ganz zu seiner Wesensart passende Partnerin fürs Leben zu angeln. Und die lässt er auch nicht mehr los, haben doch auch die Krebse in der Natur kräftige Scheren, mit denen sie ihr Opfer festhalten. Hart ausgedrückt, ist er ein „seelischer Klammeraffe" mit übertriebenem mütterlichem Versorgungsinstinkt. Das heißt im Klartext, dass er alles Menschenmögliche versucht, um seine endlich gefundene Geliebte mit Geborgenheit und mit allem nötigen Lebensluxus auszustatten. Von da aus gesehen, ist er wirklich keine schlechte Partie für eine Frau, die ähnliche Interessen hat.

Und was Erotik und kurze Liebesaffären angeht, so ist er auch auf diesen Gebieten eher ein Spätzünder. Denn er ist von Natur aus viel zu viel mit sich selbst und seinen enormen seelischen Stimmungen und Schwankungen beschäftigt. Die alle unter einen Hut zu bringen, erfordert meist schon die erste Hälfte seines Lebens, in der er nicht so der Held und der große Gewinner ist, aber das wissen die Krebse meist schon insgeheim.

Die andere Hälfte ihres Lebens werden sie die Gewinner sein, mit denen niemand mehr gerechnet hat.

Sie entwickeln eine rundum sensible und sich selbst bewusste Männlichkeit, von der die Frauen in jungen Jahren nur träumen konnten. „Und nun ist dieser Traum doch noch Wirklichkeit geworden", wird sie flüstern und lächelnd in seine Arme sinken.

Krebs-Männer reifen im Lauf ihres Lebenswegs auf ganz besonders würzige und feine Art und Weise. Und sie verstehen es, andere der gelebten Essenz von Schicksalsbild und Glück formvollendet teilhaftig werden zu lassen.

Hier finden wir also eine im 20. Jahrhundert seltene Spezies von einem empfindsamen und doch lebensorientierten Mann, der sich in seiner Gefühlswelt und in seiner Seele so gut auskennt wie kaum ein anderes der männlichen Tierkreiszeichen.

Er hat die angeborene, lernbegeisterte Weltoffenheit mit Tendenz zu verschlossener Innerlichkeit vereinigt. Er muss oft seine Wesenskräfte wieder auffrischen, weil er im Überschwang seiner sinnlich-emotionalen Gefühlsnatur weit über seine Grenzen gehen kann. Ein wahrer Seelengärtner, der kein „Pflänzchen" vertrocknen lässt.

Aber alle diese Talente finden „im Kampf der Geschlechter" auf Anhieb erst einmal wenig Interesse. Es geht hier doch in erster Linie um augenblicklich stimulierende Reize.

Diese Art von Brautschau, die an oberflächlichen Reizen und Signalen des heutigen hektischen Gefühlsaustausches äußerst reich ist, erscheint ihm wenig geeignet. So wird er, nicht unähnlich dem eher trockenen Steinbock-Mann, unscheinbar und zurückhaltend auf die Liebe seines Lebens lauern. Im entscheidenden Moment aber wird er alles daransetzen, mit all seiner Seelenkraft die „Schlacht" ganz für sich zu gewinnen.

Die Krebs-Frau in der Liebe

Hier verbindet sich auf besonders innige Art und Weise das natürliche, weibliche Geschlecht mit den seelisch-intuitiven, ebenfalls weiblichen Wesenskräften des Mondes.

Schon seit Urzeiten der Inbegriff für die rhythmisch pulsierende Fruchtbarkeit der Frauen, stellt der Mond eine der stärksten archaischen und innerweltlichen Bindekräfte an das kosmische Geschehen dar. Seinen Einflüssen und Ausstrahlungen können wir uns kaum entziehen, wissen wir doch alle um seine fast magisch-mystische Wirkung als strahlend heller Vollmond in einer glasklaren Nacht. Diese Periodizität der himmlischen Erscheinungsformen findet ihren Widerhall in der seelischen und emotionalen Wechselhaftigkeit des weiblichen Geschlechts.

Hier entzieht sich das weibliche Wesen dem Streben nach logisch-pragmatischen Zusammenhängen oft völlig.

Dies macht den Reiz, aber auch den täglichen „Stress" aus, dem die armen Männer mit diesen so flatterhaft erscheinenden Krebs-Frauen ausgesetzt sind.

Sie sind aber diejenigen, die dem Ur-Prinzip einer voll entwickelten und natürlichen "Vollblut-Frau" sehr entsprechen können.

Dies macht sie so unwiderstehlich und begehrenswert, sind sie dazu noch der Inbegriff einer guten Mutter für die zu erwartenden Kinder. Denn all ihre Liebe gilt den noch ungeborenen, schlummernden Kräften dieser Schöpfung.

Sie besitzt zudem eine starke und seelisch-emotional bindende Liebeskraft, die aber auch in eine übertriebene „Affenliebe" zu ihren Kindern und zu ihrem männlichen Partner führen kann.

Im Umgang mit dieser Eigenschaft der Krebs-Frau scheitern viele der allzu männlich dominanten Helden, die sich die außerhäusliche "Karriere" nicht nehmen lassen wollen.

Trotzdem sind auf dem freien Markt der Herzen schon früh die jungen, reizvollen Krebs-Frauen aus dem „Angebot" verschwunden, bilden sie doch einen zuversichtlichen und vor allem treuen Halt für eine langjährig belebte und im wahrsten Sinne des Wortes fruchtbringende Beziehung.

Krebs-Frauen lieben auf Grund ihrer kosmischen Prägung und ihrer umfassenden Intuition einen Mann, der ebenso sensibel und einfühlsam ist, wie sie selbst sind.

Der sollte aber genügend männliche Aggressivität für Zielsetzung und Verwirklichung der gemeinsamen Träume mitbringen. Denn diese Kraft der Umsetzung fehlt einer Krebs-Eva meist ganz besonders.

Sie ist die geborene Träumerin und Magierin für eine organisch heile Welt, in der jeder und jedes seinen ihm wesenhaft angestammten Platz inne haben soll. Ein irdisch-kosmisches Wunschdenken, dessen Verwirklichung oft an den brutalen Gegebenheiten dieser Welt scheitert. Dieses anscheinend unangepasste und irreale seelische Verhalten eines Mond-Mädchens bedarf also eines ausgesprochen einfühlsamen und seelisch stabilen Partners. Dies hilft ihr auf Dauer, ihre wahre Begabung mit der Zeit zu entdecken. Was sie anfänglich so kindlich naiv und rein von sich selbst und der Welt gedacht, gefühlt und gewollt hatte, wandelt sich zum reifen weiblichen Verstehen und intuitiven Erkennen aller wesenhaften inneren Zusammenhänge.

Nun weiß sie um die Geheimnisse und alle Welt, besonders die männliche, wird ihr zu Füßen liegen. Aber bis dahin ist es ein weiter Weg und besonders intolerante und ungeduldige Männer werden sie leicht davon abbringen können, ihre geheimnisvolle Ich-Werdung in der Partnerschaft zu entwickeln.

Sie braucht also einen herzlichen, einfühlsamen Gentleman, der nicht diesen unbedingten männlichen Drang hat, in ihr anscheinend so verwirrtes Seelen- und Gefühlsleben einzugreifen, um sie nach seinen Ideen und Wünschen umzugestalten. Das mag sie überhaupt nicht. Aber da sie nicht den entschlossenen Willen zur Trennung hat, wird sie in den meisten Fällen wohl oder übel bei ihm bleiben und dies Schicksal über sich ergehen lassen. Bis die Last der eigenen Unterwürfigkeit und die entgangene Chance der Ich-Werdung zu einem Tal der Tränen wird. Hier verlangt es nach starkem seelischen Mut, um wieder den eigenen Lebensweg zu gehen und diesen Partner, der im Grunde keiner ist, zu verlassen.

Dies ist der zart-herbe Beigeschmack einer jeden Krebs-Frau, diese unabdingbare Treue und Verantwortlichkeit dem Partner gegenüber – ihre Angst, ihn zu verletzen. Bis sie merkt, dass sie sich auf Dauer mit diesem kaschierenden Verhalten selbst mehr schadet als hilft, ist sie „in die Jahre" gekommen. Eine Loslösung von ihrem „alten" Partner erscheint ihr, angesichts der neuen und ungewohnten Ereignisse, die damit einhergehen, nicht sehr erstrebenswert. Trotzdem und auch gerade deshalb eine Traumfrau aus dem Garten Eden.

Der Krebs-Mann und seine Partnerinnen

Krebs-Mann und Widder-Frau
Unser empfindsamer und zarter Krebs-Mann ist vom ersten Augenblick des Kontakts mit einer

feurig-dynamischen und hinreißenden Widder-Frau völlig aus dem Häuschen. Beeindruckbar wie nun mal unsere „Mond-Männer" durch ihre Überbetonung des seelischen Empfindens sind, hat diese Feuer-Lady den allerbesten Eindruck bei ihm hinterlassen.

Denn er liebt dieses entschiedene Auftreten, das willensstarke Sich-einfach-so-geben, als ob sie nichts auf der Welt fürchtet. Das sind für ihn kosmische Talente, denen er gerne in seinen Tagträumen nachhängt. Er kann sie aber nie vollendet im Alltagsleben entwickeln, ist er doch von Natur aus mit einem scheuen und verletzlichen Wesen ausgestattet worden.

Doch wenn er genügend Lebenserfahrung in der heutigen Gesellschaft gesammelt hat, wird er es bestimmt nicht unversucht lassen, trotz der Gefahr, sich die Finger an einer Mars-Frau zu verbrennen, ihr seine aufrechten Gefühle mitzuteilen. Ob sie ihn wirklich verstehen wird und auch will, sei dahingestellt, denn im Grunde sind die Erlebnissphären von Feuer (Widder) und Wasser (Krebs) zu verschieden. Doch es gibt ein kosmisches Verbindungsglied, es liegt im beiderseitigen Höchstanspruch an die gegebenen Charaktereigenschaften.

Unsere Widder-Lady will ihre intensive Lebenslust durch maximale Willensentfaltung erleben, und unser Held der seelischen Gefilde möchte seine wahrhaften Gefühlsäußerungen in dieser Welt und von seinem Partner respektiert und geachtet sehen. Wenn beide dies in ihrer Beziehung nicht ausleben können, so werden Widder-Frau wie Krebs-Mann alles daran setzen, den Partner von seinem ungerechten Verhalten abzubringen.

Dieser gemeinsame Kampf gegen eine ungerechte Welt ist die beste Voraussetzung, um aus der Partnerschaft dieser extremen Wesenskerne das Beste zu machen. Dann ist er ihr Held und sie seine Königin.

Doch dazu bedarf es eines entwickelten Typus von Krebs-Adam, den es ziemlich selten gibt. Ist doch die Angst, seelisch verletzt zu werden, so groß, dass er sich oft lieber zurückzieht.

In der freien Natur entspricht dieser schüchternen und mehr verträumten Wesensart dem Flusskrebs, der sicher und geborgen unter einem großen Stein im Fluss auf eine vorbeitreibende, fette Beute lauert. Er wechselt sein Heim und seine Heimat nur selten.

Im Gegensatz dazu lebt der Einsiedlerkrebs im Meer, der sein abwechslungsreiches Häuschen im Laufe seines Wachstums aus unbewohnten Schalen anderer Meeresbewohner immer wieder auf's Neue sucht und auch findet. Er ist der lebendigere und weltoffenere Krebs-Adam, der einer „entschärften" Feuer-Amazone schon eher das Wasser reichen kann.

Krebs-Mann und Stier-Frau
Hier haben wir eine Partnerschaft, die auf Dauer und Stabilität gebaut ist. Denn es stützen sich gegenseitig die lustvolle Lebenseinstellung einer

schönen Stier-Frau und die extreme Wechsel-
blütigkeit und schwankende Gefühlstiefe eines
Krebs-Mannes.

Dass unser Krebs-Adam erstaunlicherweise Erfolg
in dieser Männer-geprägten Gesellschaft anstrebt,
hängt mit seinem absoluten, seelischen Anspruch
an die inneren Werte des Seins zusammen, die er
auch gerne in aller Öffentlichkeit verteidigt sehen
will. Er will, hart ausgedrückt, seelische Macht über
andere haben, um sie zum Guten und Edlen, das in
ihnen verborgen liegt, zu bekehren.

Ein Prophet der Seele also, mit dem universalen
Anspruch: „Zurück zur Natur, dann wird alles wieder heil". Und genau da sind wir wieder bei unserer
formvollendeten Venus-Maid, sie will im Grunde ihres verletzlichen Herzens genau das Gleiche. Darin
liegt diese Innigkeit und Selbstverständlichkeit des
Umgangs miteinander begründet.

Ein sinnliches, seelisch-emotionales Paar, das
sich gefunden hat. Heim und Kinder sind hier
überhaupt keine Frage. Das erfüllte, tiefe und be-
sinnliche Leben wird seinen Lauf nehmen, sind
doch beide Tierkreiszeichenvertreter eher geneigt, den Gewohnheiten die Gestaltung des All-
tags zu überlassen. So sind beide gleichsam vor
unliebsamen und schmerzlichen Erlebnissen vor-
erst sicher.

Krebs-Mann und Zwilling-Frau
Natürlich liebt er sie vom ersten Augenblick an,
ist er doch von ihrem spielerischen Umgang mit
Menschen angenehm angeregt.

DER KREBS IN DER LIEBE

Dieses gewitzte Hin und Her von Geist und Seele kommt ihm irgendwie bekannt vor, ist er doch ebenso stimmungsschwankend wie die im Zeichen des Zwillings Geborene.

So entsteht bei beiden eine für ihn selten gekannte, entspannte Atmosphäre des sorglosen Umgangs miteinander.

Dies wird so lange gut gehen, bis er seelische Ansprüche an sie stellt. Dann wird es ernst, allzu ernst für unsere wendige und eher gefühlsneutrale Zwillings-Eva.

Sie möchte ungern den Rest ihres abwechslungsreichen Lebens in den klammernden „Scheren" seines kontrollierenden Seelengefüges verbringen.

Aber er möchte ungern diese seltene, so belebende, niedliche Kreatur aus seinem emotional so schwer zu befriedigenden Haushaltsplan streichen. Erscheint sie ihm mehr, als sie ihm letzten Endes wirklich sein kann. Dies ist die Tragik-Komödie einer Krebs-Mann-und Zwillings-Frau-Beziehung.

Diese kosmische Konstellation von starker seelischer Kraft gleicht den blubbernd aufsteigenden Luftblasen im Meer, die sich, sobald sie die Oberfläche erreichen, gänzlich auflösen. Was bleibt, ist das große Geheimnis der Wasseroberfläche: Sie ist Trennung und doch gleichzeitig einziger Berührungspunkt dieser zwei elementaren Erlebniswelten.

Eine Vermischung kann nur selten länger halten, hat aber einen für beide Seiten interessanten und bereichernden Nachgeschmack.

So lernt unser allzu sensibler und seelisch klammernder Krebs-Adam die gelebte Freiheit von Idee und Gefühl bei einer Zwillings-Frau kennen. Und sie schätzt mit der Zeit seine aufrechte Seelenstärke und seine sinnliche Intensität.

Aber eine Beziehung von Dauer wird sich in den wenigsten Fällen daraus entwickeln.

Krebs-Mann und Krebs-Frau
So harmonisch auch diese Beziehung von außen aussehen mag, im Innersten haben beide mit der Überbetonung des seelischen Elements genug Mühe, sich selbst zu erkennen und den anderen in seiner Wesensart auch richtig stützen zu können.

Was eine Partnerschaft entscheidend zum Positiven beeinflussen kann, ist die sinnvolle Ergänzung zweier eigentlich wesensfremder Persönlichkeiten.

In dieser Beziehung verschlingen sich zwei wesensgleiche Typen auf das Innigste, wobei sie ihre individuelle Entwicklung vollkommen aus den Augen verlieren können. Zu sehr sind beide mit dem Partner beschäftigt, ihn ganz und gar zu verstehen und auf die kleinsten seelischen Reaktionen zu warten. Was anfangs wie ein völliges Verstehen-Wollen aussah, kann sich leicht verselbstständigen und zu gegenseitigem Misstrauen und Eifersucht auswachsen.

Diese Partnerschaft ist von verspielter, aber auch eigenwilliger Struktur, die einen seelisch-emotionalen Ehrenkodex entstehen lässt, der für Außenstehende schon befremdlich wirken kann. Trotzdem ist die elementare, kindliche Freude am Gleichklang der Gefühlswelten einer der Hauptgründe für die Wahl einer ihn mit Haut und Haar verstehenden, weiblich-mütterlichen Krebs-Frau. Bietet sie unserem scheuen Helden doch endlich die emotionale und auch sinnliche Sicherheit einer intensiven Weiblichkeitserfahrung.

Dass natürlich auch die gemeinsame Frucht ihrer Liebe bedacht und geplant wird, ist keine Frage. Interessant kann es dann werden, wenn die Kleinen erzogen werden sollen. Hier können sich die Anforderungen und Wünsche unserer beiden Krebse in einem intensiven „Schlagabtausch" für ein vernünftiges und seelisch-emotional ganzheitliches Erziehungsmodell darstellen. Schafft doch erst die Beschäftigung mit dem noch zu beschützenden neuen Leben wirklichen Sinn in dieser kosmischen Konstellation.

Krebs-Mann und Löwe-Frau
Dies ist eine interessante Beziehung. Sind doch beide die Hauptvertreter der beiden wesentlichen astrologischen Kräfte, des Mondes und der Sonne.

Nur ist leider das natürliche Geschlecht hier nicht gerade ausschlaggebend: Sie, mit ihrer männlichen Sonnenausstrahlung, scheint direkt in sein weiblich empfangendes, mondhaftes Gemüt und bringt seine Seelensphären dadurch zum sanften und erlebnisreichen Erglühen. Sie alle lagen vor der Bekanntschaft mit ihr gleichsam im Dunkel seiner innerseelischen Traumwelt verborgen und kommen erst durch den warmen und lebenseinhauchenden Strahl ihrer sonnigen Herzensglut so richtig zum Vorschein.

Es ist im Grunde ganz einfach: Der Mond spiegelt die lebensdurchglühende Kraft der Sonne wider, sammelt ihre Strahlenglut und wirft sie verstärkt zurück. Das ist die kosmische Aufgabe des Mondes im astrologischen Sinn: Er ist unsere Psyche, unsere Seele und auch ein Spiegel, der die sich entwickelnden Kräfte und Ausstrahlungen unseres sonnenhaften Ich-Bewusstseins, von unlauteren Sinnen und Zielen gereinigt, ins „normale" Tagesbewusstsein zurückspiegelt. Und durch diese kosmische Aufgabe, in Form unseres Krebs-Adams, erfährt unsere Löwe-Frau eine insgeheime, fast schon magisch-mystische Steigerung und Läuterung und auch die Bestätigung ihres sonnenhaften Wesens. Und unser männlichweiblicher Mond-Mann lernt seine Seele und seine Talente erst richtig erkennen und verstehen.

Sie sehen, diese kosmische Kräftekonstellation von Krebs-Mann und Löwe-Frau ist eine der geheimnisvollsten und sich gegenseitig erfüllendsten Beziehungen im gesamten Tierkreis.

Es hängt vom Niveau der Bewusstseinsentwicklung ab, ob dieses kosmische Spiel der Kräfte richtig verstanden wird oder ob es nur im Kampf der Geschlechter stecken bleibt. Diese Partnerschaft von Wasser (Krebs) und Feuer (Löwe) ist ein Wagnis mit größtem Gewinn und Glück.

Krebs-Mann und Jungfrau-Frau

Diese Konstellation könnte für beide von großem gegenseitigen Nutzen sein. Er findet sie unheimlich nett, sauber und vor allem nicht auf den Kopf gefallen. Unser sensibler Krebs-Adam ist erstaunt über ihr merkurbetontes Geistes-Leben, das von Sorgfalt, Überprüfbarkeit und Ordnung geprägt ist.

Natürlich weiß sie sich geschickt von ihrer besten weiblichen Seite zu zeigen. Und unser Held ist immer mehr von ihr angetan: „Endlich eine Frau, die Hand und Herz hat", wird er sich denken.

Aber der etwas allzu glatte technische Gebrauch gewisser Verhaltens- und Denkmuster wird unseren Krebs-Mann nach einer anfänglichen Begeisterungsphase eher langweilen.

Es fehlt ihr in seinen Augen etwas am Mut zur Unberechenbarkeit, der den gewöhnlichen Alltag aufsprengt.

Hier muss immer er für Abwechslung sorgen und ihr immer wieder neue Anregungen und Impulse vermitteln. Diese werden von ihr sogleich wieder geordnet und wohlverpackt und verschnürt in ihr Vorstellungsmodell von Sein und Wirklichkeit verarbeitet.

Natürlich ergänzen sich das oft überfließende Mitgefühl des Krebses und die sachlich saubere Jungfrau-Welt aufs beste miteinander. Von daher steht einer erfüllten und belastbaren Partnerschaft eigentlich nichts im Wege.

Sie bietet ihm bewusste, geordnete, immer wieder aufs Neue zu erobernde Weiblichkeit und hilft ihm, seinen eigenen Seelenwust zu glätten und diesen mehr verstandesorientiert zu verarbeiten.

Er gibt ihr ein tragendes, verstehendes Mitgefühl des innerseelischen Austausches und der emotionalen Stabilität, nach der sie schon immer sucht. Außerdem weiß er um das Geheimnis der Weiblichkeit und wird durch abwechslungsreichen Einsatz von Körper, Geist und Seele ihrem „Dornröschen-Schlaf" ein Ende bereiten. Sie öffnet die Augen und haucht: „Sei du mein Prinz" und wird in seine Arme sinken, nicht ohne sich vorher vergewissert zu haben, ob er auch eine anständige und solide Existenz ist. Denn auf materielles Chaos hat sie keine Lust. Wenn er sie schon ganz bekommt, muss er auch etwas zu bieten haben.

Krebs-Mann und Waage-Frau
Hier haben wir eine Konstellation, die auf den ersten Blick wohl nur schwerlich eine gelungene Partnerschaft abgibt. Zu verschieden sind hier die Ansprüche und die unausgesprochenen Wunschvorstellungen. Sicherlich ist unser Krebs-Adam von unserer flotten und elegant gekleideten Waage-Frau, die beschwingt vor ihm einhergeht, einfach begeistert.

Ist sie doch eine verführerische Eva, die ihre weiblichen Attribute gekonnt im Spiel der Liebe einzusetzen weiß. Vergebens wird er auf ihrer Fährte bleiben, um sie von seinen emotionalen Talenten zu überzeugen. Fehlt ihm doch dieser

männliche Impuls, den die immer unentschlosse-
ne Waage-Eva einfach braucht, um aus ihrer typischen Lethargie herausgerissen zu werden. Ein
männlich chauvinistisches Verhalten – würde unser Mond-Held dazu sagen, und er wird der
ganzen Sache den Rücken kehren.

Aber unsere clevere Waage-Lady braucht eben
gerade einen sehr männlichen Mann. Also wird
sie unseren Mond-Helden nicht so richtig wahr-
nehmen können. Er ist zu schemenhaft und nicht
männlich markant genug. Hier gelingt es dem
Krebs erst in reiferen Jahren, bei ihr Land zu gewinnen.

Krebs-Mann und Skorpion-Frau
Aus den sich ineinander verschlingenden Gefühlswelten ergibt sich eine echte Odyssee: Ein
nach seelischer Macht strebender Krebs-Mann
und die Seelenstruktur einer nach letzten Er-
kenntnissen strebenden Skorpion-Frau ergeben
hier ein Partnerschaftsgefüge, in dem kein Auge
trocken bleibt.

Hier wird alles, aber auch alles, was irgendwelche
sinnlich-emotionalen Reize auslösen könnte,
ausprobiert. Das kann sogar bis zum selbstquäle-
rischen Einsatz aller seelischen Macht führen.
Denn mächtig ist beider Anspruch aufeinander,
und für den sinnlich-emotionalen Besitz kämpfen
beide bis aufs Messer.

Eine Beziehung also, die nach anfänglich lockerem, beschwingtem Einsatz leicht in ein größeres
Drama ausarten kann. Denn es ist diese unendli-

che Tiefe des Erlebens, nach der sich unsere Skorpion-Frau so sehr sehnt.

Den planetaren Kräften von Mars (Tatkraft) und Pluto (absolute Transformation) unterlegen, kämpft sie mit dem kosmischen Läuterungsanspruch an alles Lebendige: dem Stirb- und Werde-Prinzip. Nur zu gut verstehen wir jetzt ihren immensen seelischen Anspruch, den sie an eine erfüllte Partnerschaft stellt. Ein Anspruch, dem unser seelenerfahrener Krebs-Mann gerne gerecht wird. Vorausgesetzt jedoch, es gibt auch wieder einen Weg an das klare Licht des Selbstbewusstseins.

Krebs-Mann und Schütze-Frau
Schon wieder eine eher tragi-komische Angelegenheit. Treffen sich hier zwei doch gänzlich verschiedene Persönlichkeitssphären: Auf der einen Seite unser netter, lebendiger und scheuer Krebs-Adam, der von vornherein einen ausgeprägten Sinn für alles Weibliche dieser Natur hat, auf der anderen Seite eine feurige, dynamisch, expansiv lebende Schütze-Frau, die sich mit Freundschaft und kameradschaftlichen Verhältnissen in der Männerwelt einen Namen machen möchte.

Sie findet ihn ausgesprochen niedlich und anregend, falls er gerade mal wieder in seelischer Hochform ist. Er ist von ihrer mitreißenden Ausstrahlung und von ihrer feurigen Weiblichkeit begeistert. Aber sie möchte ungern gefangen werden, ist ihr ureigenster Sinn eigentlich Bewegung und nicht vermeintlicher Stillstand in einer emotionaler Bindung.

Bis er ihr klar gemacht hat, dass auch in seelisch-emotionalen Bereichen ständig Bewegung und Austausch stattfinden, ist sie schon längst wieder von der Bildoberfläche verschwunden.

Sein Herz blutet, und es bewahrheitet sich wieder diese kosmische Grundtendenz aller Krebse: zu Himmel hoch jauchzend, zu Tode betrübt.

Also, am besten die Finger von ihr lassen und die kurze und heftige Begegnung als lebendigen Erfahrungsschatz sein Eigen nennen.

Krebs-Mann und Steinbock-Frau
Nun, dies wird auch in den meisten Fällen nur schwerlich eine für beide Seiten erfüllte und vor allem befriedigende Partnerschaft ergeben. Dies ist auch eine der wenigen Tierkreiszeichenvertreterinnen, von der sich unser leicht entflammbarer Krebs-Adam nicht so schnell einfangen lässt.

Ist sie doch im Grunde ihres Herzens zu berechnend, und vor allem geizt sie in den Augen eines Krebs-Mannes mit ihren weiblichen Reizen. Hier versteht unser emotional großzügiger Mond-Mann unsere kluge und taktisch vorsichtige Steinbock-Frau überhaupt nicht.

Natürlich geizt sie mit ihrer Weiblichkeit, um sie nur dem einen wahren und ewig treuen Helden ihres Herzens ganz und gar zu schenken. Dass er bis dahin enormen Prüfungen und Belastungen ausgesetzt wird, liegt in ihrer saturnhaften Wesensart, alles genauestens bis ins kleinste Detail zu überprüfen, um es anschließend sinnvoll und

Schritt für Schritt zu verwenden: „Ich mache mir zu Nutze" – der Schlüsselsatz zum wahren Verständnis einer Steinbock-Frau und einer Beziehung mit ihr.

Da spielt unser Held bestimmt nicht mit, das ganze riecht nach Verantwortung. Und vor allem fühlt er sich von ihr seelisch ausgenutzt. Auch hier ist erst in reiferen Jahren eine sinnvollere Partnerschaft zu erwarten.

Der Krebs-Mann, wenn er klug und erfahren geworden ist und mit seinen Seelenkräften nicht mehr so kindlich verschwenderisch umgeht, und die Steinbock-Lady, wenn sie gelernt hat, auch mal ihren Emotionen und Seelenkräften freien Lauf zu lassen – dann bilden beide ein unschlagbares Paar.

Krebs-Mann und Wassermann-Frau
Er findet sie angenehm aus der Reihe tanzend in ihrer Art, sich der Umwelt als Gesamt-Persönlichkeit vorzustellen. So einen bizarren, exklusiven "Paradies-Vogel" möchte er schon lange in seine Sammlung einreihen können.

Doch meist verbrennt er sich schwer bei diesem Vorhaben. Mit dieser, auf den ersten Blick nicht zu erkennenden Uneinnehmlichkeit einer wild-exotischen Wassermann-Frau hat unser vorwitziger Held nicht gerechnet. Nun gut, wenn er die Wassermann-Frau gut zu nehmen weiß, wird er ihr nichts nachtragen und eine auf seelische Sparflamme gesetzte Beziehung mit ihr eingehen können.

Sie mag es nicht, wenn irgend so ein männliches Wesen, wie sensibel und einfühlend es auch sein mag, sie einfach als „fette Beute" sein Eigen nennen will. Sie ist überhaupt niemandes Eigentum. Sie gehört sich ganz und gar selbst, und das möchte sie auch wirklich respektiert wissen.

Also ein Freiheitsanspruch, dem unser allzu verletzbarer, weicher Held nicht gerecht werden kann. Liegt doch für ihn der Weg zu sich selbst im anderen zu verborgen, und nur eine innige Verbindung ist hier von echtem Nutzen. Und das wiederum versteht unsere so spontan lebende Wassermann-Lady nicht: eine Beziehung, der getrennte Wohnungen und sporadisches Treffen eher genügen als eine Ehe mit vier Kindern in einem Mietshaus. Gehen beide doch das Wagnis der Ehe ein, so sollten sie in Toleranz und gelöster Weitsicht geübt sein und die Partnerschaft unter ein größeres, noch zu erreichendes Ziel stellen.

Krebs-Mann und Fische-Frau

Dies kann eine innige und emotional überschäumende Partnerschaft werden, falls es unserem Krebs-Adam gelingt, die frei dahinschwebende, immer flüchtige Fische-Frau für sein schmuckes Seelenheim zu interessieren.

Andernfalls verliebt er sich nur einseitig in sie, und sie lässt ihn für eine gewisse Zeit im Glauben, dass sie sich ebenfalls in ihn verliebt habe.

Irgendwann wird sie dann „so mir nichts dir nichts" die vermeintliche Beziehung verlassen. Natürlich habe sie ihn mit all ihren Sinnen geliebt, wird sie ihm erwidern. Aber der Einsatz ihrer Sinne ist für sie im Grunde kein Zeichen für besondere Hingabe gewesen. Fische-Frauen sind nun mal von Natur aus mit einer üppigen, weiblichen Kraft ausgestattet worden.

Das hat schon manchem Mann den Kopf völlig verdreht und ihn seelisch und körperlich von ihr abhängig gemacht.

Ihre unsagbare, weibliche Verführungskunst, die selbst den härtesten männlichen Willen zum Schmelzen bringen kann, ist die Geheimwaffe der Fische-Eva im Kampf der Geschlechter: Im Grunde also eine „Femme Fatale" oder auch eine geheimnisvolle Zigeunerin, die mit den Männern ihr wildes, gefährliches Spiel treibt.

Eine äußerst intensive und erlebnisreiche Zeit, um aus dem zarten Krebs-Jüngling einen erfahrenen Liebhaber zu machen.

Die Krebs-Frau und Ihre Partner

Krebs-Frau und Widder-Mann
Im Grunde eine herzerfrischende und für beide Seiten sehr belebende Partnerschaft. Wenn da nicht diese Anfangsschwierigkeiten mit Missverständnissen und übertriebener Hektik wären.

Sicherlich stellt unser Mars-Adam einen Mann dar, den unsere sensible und intuitive Mond-Eva schon länger in ihren Träumen vor Augen hatte.

Aber diese Urplötzlichkeit seines Interesses und Handelns und die Eindeutigkeit seines Wollens haben sie doch einfach überrumpelt. Das mag unsere Krebs-Frau eigentlich gar nicht so gerne.

Vielmehr möchte sie sozusagen auf kleiner, wärmender Flamme „angehimmelt" werden und nicht gleich von einem Sturm der Leidenschaft verglüht werden.

Sie fürchtet also bei einem Widder-Mann in den ersten Momenten der intensiven Begegnung um Heil und Reinheit ihrer so beeinflussbaren Seelenwelt. Das kann dann dazu führen, dass sie sich, obwohl sie ihn als ungeheuer attraktiv und männlich empfindet, in Krebs-typischem Reiz-Reaktions-Verhalten wieder in ihren harten Panzer zurückzieht und keinerlei Gefühle nach außen hin zeigt.

Und das wiederum bringt unseren Widder-Mann ganz schön auf die Palme, und er wird alle Hebel seiner Verführungskunst in Bewegung setzen, um ihre angebliche gefühlsmäßige Interessenlosigkeit aufzubrechen. Hat er doch eben einen hell glitzernden Funken ihrer unbeschreiblich einfühlsamen und sinnlichen Weiblichkeit in den ersten Momenten ihrer Bekanntschaft in ihren Augen gesehen. Dies löst in ihm dann wieder den altbekannten Widder-typischen Impuls aus.

So kommt es, dass er ein wenig zu stürmisch auf sie eindringt. Sie empfindet dieses Verhalten trotz aller Zuneigung einfach zu roh und männlich fordernd. Und sie wird sich, falls sie noch ein Mond-

Mädchen in jüngeren Jahren ist, sehr wahrscheinlich von ihm zurückziehen.

Falls sie aber eine erfahrene Weiblichkeit ihr Eigen nennen kann, hat sie die Gewissheit eines anregenden Spiels der Geschlechter und den Grundstein für eine intensive Partnerschaft gewonnen.

Krebs-Frau und Stier-Mann
Nun, auf den ersten Blick ist diese kosmische Kräfte-Konstellation schon eine vernünftige und stabile Herzensangelegenheit. Das Hauptproblem dieser Partnerschaft dürfte in der sinnlich-emotionalen Passivität des Venus-betonten Stier-Mannes liegen.

Besonders wenn bei unserer Krebs-Eva die anfängliche Scheu vor dem männlichen Geschlecht ein wenig gewichen ist, kommt sie auf den Geschmack. Natürlich wird sie dies insgeheim vonstatten gehen lassen, und kein Mensch wird von ihren Abenteuern direkt erfahren. Sie ist trotz dieses sinnlichen Lebens doch eher puritanisch eingestellt.

Anfangs wird sie von der sinnlich-emotionalen Tiefe und dem Sich-Gehen-Lassen-Können mit unserem Stier-Adam sehr überrascht sein.

Seine kaum zu durchbrechende Gewohnheitsnatur wird sie jedoch bald enttäuschen: Alles geht bei ihm in gewohnten Bahnen, und für neue und aufregend außergewöhnliche Experimente hat er überhaupt keine Lust.

Hier muss also unsere seelisch quicklebendige Krebs-Eva sich etwas einfallen lassen. Ob ihr das auf Dauer gefällt? Sie möchte doch viel lieber von einem aufmerksamen Partner auf Händen zu höchster Lust, Glück und alles überragender Erfüllung getragen werden. Aber sie wird den Stier schon reizen können.

Krebs-Frau und Zwilling-Mann
Natürlich wird unsere universale Eva auch diesen männlichen Vertreter aus dem flinken Geschlecht der Merkurianer an sich ziehen können. Und die Gewitztheit und begabte Schläue des Zwillings-Helden wird sie begeistern. Kennt sie doch dieses quecksilbrige Verhalten auch von ihrer innersten Seelenstruktur her sehr gut. So wird nach kurzer Zeit locker und flott ein Wort das andere geben. Beide werden sich seltsam angeregt und geistig-seelisch der Umwelt enthoben fühlen. Ist man/sie wieder daheim, weiß eigentlich keiner von beiden, was denn nun wirklich zwischen ihnen passiert ist. Und das nächste Treffen wird geplant. Das wird so lange gut gehen, wie die seelisch-sinnlichen Ebenen nicht mit ins Spiel kommen.

Die emotionale Neutralität des Zwillings-Adams ist im Grunde nur gespielt, und sein Vorhaben liegt ganz klar auf dem sinnlichen Gebiet. Hier wird sie meist enttäuscht sein: Seine Oberflächlichkeit wird ihr meistens nach dem ersten Male schon reichen. Sehnt sie sich doch nach einem zärtlichen, romantischen Liebhaber. Dieser sollte die Palette der gelebten Sinnlichkeit beherrschen.

Hier kann unser Merkur-Adam viel von ihr lernen bzw. erkennen.

Krebs-Frau und Krebs-Mann
Hier wird es nur zu einer dauernden Beziehung kommen, wenn beide ihre wahre Natur verstanden haben.

Andernfalls ist die Gefahr groß, sich überhaupt nicht zu verstehen. Die gegenseitigen Wünsche und Erwartungen werden unerfüllt bleiben, kann sie doch keiner unserer Mond-Bewohner so klar in Worte fassen.

In dieser Partnerschaft ist einfach viel zu viel Gefühlsleben auf einem Fleck versammelt. Dies kann für ein intensives, sinnlich-emotionales Liebesleben sehr von Vorteil sein. Beide können sich aber auch so stark aneinander klammern, dass sie kaum noch Energie für Probleme außerhalb ihrer Beziehung haben.

Gelingt es aber unserer Krebs-Eva, das Ewig-Weibliche in sich zu entwickeln, wobei ihr unser Krebs-Adam seine starke emotionale Aufmerksamkeit schenkt, so wird es eine für beide Seiten äußerst innige Partnerschaft werden.

Krebs-Frau und Löwe-Mann
Hier verbinden sich auf gelungene Art die beiden Hauptlichter der Astrologie, nämlich Mond und Sonne, in ihrer geschlechtlichen Rollenverteilung: Unsere Mond-Frau als Ursymbol und Ausdruck des Ewig-Weiblichen, und unser Löwe-Mann als Inbegriff des männlichen Herrschers.

Sie wird ihn auf ewig verehren, und er sieht sich durch die warmherzige Großzügigkeit in ihren seelischen und emotionalen Reaktionen in der Glanzrolle des Lebens.

Gegenseitig werden sie sich auf Händen tragen. Beide ergeben in reinster Form ein Herz (Löwe) und eine Seele (Krebs). Sie hat ihren König gefunden, und er sieht in ihr die Königin, die sein Seelenleben regieren darf. Beide können zusammen also ein wahrhaft strahlendes Herrscherpaar abgeben.

Hier haben wir die alchemistische „Hochzeit" von Mann und Frau, von Anima und Animus, den beiden alles erzeugenden Urprinzipien dieser Schöpfung: das Strahlende der männlichen Sonne und das Empfangende und Bewahrende des weiblichen Mondes. Beide zusammen erzeugen das Leben. Also eine kinderreiche, lebenslange und erfüllte Partnerschaft. Vorausgesetzt, unserem wechselhaften Mond-Mädchen geht die stoische bis „paschahafte" Gelassenheit ihres Löwe-Mannes mit der Zeit nicht allzu sehr auf die Nerven. Braucht sie doch ab und zu in den vier Wänden einen Sturm der Gefühle.

Falls unser edler und gutmütiger Löwe-Adam über ein eher reizbares Nervenkostüm verfügt, wird sie seinen Großmut ganz schön mit ihrem ewigen Hin und Her strapazieren. Also doch keine so leichte Beziehung, oder...?

Krebs-Frau und Jungfrau-Mann
Hier treffen sich der weibliche Wunsch nach stabiler seelischer Gebundenheit in einer Partner-

schaft und der männliche Drang nach einer ver-
ehrenswerten, sinnlich-emotionalen Frau, die
nicht gleich beim erstbesten Problem davonläuft.

Diese Konstellation kosmischer Wesenskräfte
bietet einer Zweier-Beziehung den inhaltlichen
wie auch seelisch-geistigen Rahmen, allen Wi-
drigkeiten zu trotzen.

Ihre Beziehung wird eine mehr oder weniger stark
ausgeprägte Vernunftslösung zweier Menschen
sein, die um die Sensibilität und Verletzlichkeit
des anderen wissen. Eine im Grunde stark lern-
und verhaltensorientierte Partnerschaft, deren
Sinn und Nutzen sich in den Kleinigkeiten des All-
tags besonders bemerkbar macht. Hier sind
schnell Lösungswege gemeinsam mit „Fair-Play"
und „Gentleman-Agreement" gefunden.

Eine für die nervige und oft aufreibende Seelenstruktur unserer Mond-Maid beruhigende und
glättende Partnerschaft, die gleichzeitig unserem,
im lockerem Umgang mit dem weiblichen Geschlecht eher scheuen Jungfrau-Mann sinnlich-
emotionale Erfüllung verspricht.

Krebs-Frau und Waage-Mann
Mit diesem luftigen, Venus-betonten Waage-
Schönling wird unser liebenswertes, zartes Geschöpf auf Dauer wohl nur Probleme haben.
Denn seine seelische wie auch geistige Unausge-
gorenheit und seine sich immer wieder aus dem
Brennpunkt der Verantwortung ziehende, zweifel-
hafte Doppeldeutigkeit rufen in ihr sehr schnell
ein warnendes Gefühl des Misstrauens hervor.

Es sei denn, sie ist ihm blindlings verfallen und sieht nicht, dass sie nur eine weitere Schönheit in seinem Reigenspiel ist. Aber da müsste sie wirklich sehr abgestumpft sein, um ihm nicht mir ihrer spitzfindigen weiblichen Intuition auf die Schliche zu kommen.

Hier prallen zwei entgegengesetzte Erlebnissphären aufeinander, die sich nur schwerlich unter einen Hut bringen lassen. Denn sie will häusliche, seelische Geborgenheit, und er hingegen sieht die Welt als Bühne für seine Bedürfnisbefriedigung.

Für unseren Waage-Adam sind seine Mitmenschen oft ein Mittel zur Selbstverwirklichung. Er braucht dieses seelische Gefühl des Miteinanderverwoben seins nicht so sehr, ist er doch ein Luftzeichen: Frei von aller sinnlich-emotionalen Subjektivität, will er den harmonischen Austausch von schöngeistigen Inhalten pflegen. Unsere Krebs-Eva will den intimen, seelischen Gleichklang der Herzen, der nicht von irgendwelchen verschrobenen geistigen Ideen und Zielen geprägt wird.

Ein Grund mehr zu noch tieferem Missverständnis. Sodass dieser Partnerschaft wenig echte Chancen eingeräumt werden können. Es sei denn, unser Waage-Held ist sich seines weiblichen Erbes voll bewusst, und unsere Krebs-Lady weiß sich auch auf seinem Terrain (Ästhetik und Idealismus) harmonisch und elegant auszudrücken. Dann stehen die Sterne schon ein wenig besser.

Krebs-Frau und Skorpion-Mann

Nehmen wir mal an, unser männlicher Held aus dem Geschlecht der Tempelritter sei noch so faustisch-dämonisch, und seine Seele schwingt noch in den helleren Farben einer göttlichen Herkunft, dann haben wir die beste Voraussetzung für eine Zweierbeziehung.

Beide erzeugen miteinander ein magisches Umfeld, das auf viele sehr positiv wirken kann; sieht man doch hier sinnliche und geistige Erfüllung gleichermaßen. Und da beide nicht so schnell loslassen werden, wird garantiert aus den anfänglichen Erlebnissen eine erstrebenswerte Verbindung auf Dauer.

Die kosmische, besonders tragisch wirkende Bruchstelle in dieser Konstellation sind die weiblich reinen Mondkräfte und die sinnlich-emotionalen, männlichen Triebkräfte von Mars und Pluto.

Zu nah wirken hier die planetaren Gestaltungskräfte auf unsere Liebenden. Es wird ihnen immer schwerer fallen, sich in diesem Beziehungswulst selber zu entdecken.

Andererseits besteht die wunderbare, einmalige Chance, durch die gelebte Synthese von Gut und Böse, von Licht und Schatten, den wahren Kern des Partners zum Vorschein zu bringen.

Sowohl eine wahre Aufgabe als auch eine große Erfüllung wartet dann auf beide. Die Versuchung ist stark ...

DER KREBS IN DER LIEBE

Krebs-Frau und Schütze-Mann
Nun gut, sie wird alles daran setzen, diesen un-
wiederbringlichen Schatz von einem Mann niemals zu verlieren.

Er wird unserer über beide Ohren verliebten
Krebs-Lady in nächtelangen Gesprächen klarzu-
machen versuchen, dass es wohl das Beste sei,
jetzt Schluss zu machen, dass das sowieso nicht
gut geht, sie würde ihn an seine Mutter erinnern,
und überhaupt...

Mit Tränen in den Augen wird sie sich wie ein ver-
letztes Tier in ihre vier Wände zurückziehen. Sie
wird es nicht verstehen können, dass alles schon
wieder vorbei ist.

Sie wird bei unserem jung-dynamischen, weltoffe-
nen und expansiven Schütze-Adam kaum Erfolg
haben. Er empfindet ihre seelische Nähe einen-
gend, und ihre moralisierende Eifersucht ist für einen – sagen wir mal „Schürzenjäger" – nicht gerade
anregend. Eher eine abwechslungsreiche Kurzge-
schichte als eine Ehe auf Jahre.

Krebs-Frau und Steinbock-Mann
Sicherlich eine Sache, auf die sich unsere Krebs-
Eva erst in reiferen Jahren einlassen wird. Es sei
denn, sie steht schon früh auf mehr väterlichen
und versorgenden Schutz in einer Partnerschaft.

Dann wird sie auch voll auf ihre Kosten kommen.
Ansonsten ist er ihr einfach zu langsam und zu
konservativ, was die Gestaltung seines Alltagsle-
bens angeht.

Er liebt planvolles Handeln über alles, und sie wirft schon mal gerne alles über den Haufen und verliert sich in Tagträume. Hauptsache, sie verspürt mal wieder frischen Wind in ihrer Seele.

Falls er es schaffen sollte, durch sie wieder in den vollen Besitz einer frischen, lebendigen Seele zu kommen, wird er sich von seiner besten Seite erkenntlich zeigen, ihr ein grandioses Heim zu Füßen legen und ewiglich zu ihr stehen.

Krebs-Frau und Wassermann-Mann

Nun, das ist wieder so eine kosmische Konstellation von Wesenskräften, die eigentlich nicht auf Dauer unter einem Dach glücklich werden können. Es sei denn, beide Partner stehen auf eine mehr bizarre Verbindung. Diese findet ihren Sinn in einem stimmungsschwankenden Gefühlsaustausch.

Unter dieser Voraussetzung können beide, Krebs-Eva wie auch Wassermann-Adam, genügend aufregende Erlebniswerte verbuchen. Für ein solches Partnerschaftsspielchen haben unsere etwas „schrägen" Uranus-Typen immer etwas übrig.

Denn der Planet Uranus ist der astrologische Inbegriff für Bizarres, Erneuerndes und Spontanes. Dass diese Wesensart des Uranus unserer empfindsamen, aber auch seelisch fordernden Krebs-Frau mit der Zeit ganz schön auf die Nerven gehen kann, ist klar. Strebt sie doch vielmehr nach weiblich-mütterlicher Abgeschirmtheit des Lebens. Andererseits möchte sie diese vielfältige Würze der persönlichen Andersartigkeiten auch nicht missen. Keine allzuleichte Kräftekombination, sondern eher eine Partnerschaft, die nur mit einem äußerst hohen Ziel bestehen und überleben kann.

Krebs-Frau und Fische-Mann
Im Prinzip ist die Konstellation sehr günstig und könnte durchaus eine harmonische und sinnlich-emotional erfüllte Partnerschaft entstehen lassen. Hier hängt es von der moralischen und ethischen Reife des für viele zu gestaltlosen und formbaren Fische-Mannes ab, ob ihn eine sich nach kräftigen Armen sehnende Krebs-Lady für bewunderns- und begehrenswert erachtet.

Seine üppig freifließenden Gefühlswelten nimmt sie gelassen hin. Sicherlich wird es den einen oder anderen unter den Neptun-Jünglingen der Fische geben, der ihrer Wahl am nächsten kommt. Doch diese vollendeten und charakterlich gereiften Fische-Männer sind nur selten anzutreffen. Andererseits haben es unsere männlichen Fische-Helden nicht allzu gerne, in irgendwelchen weiblichen Händen auf ewig gefangen zu sein.

Eine sich für sehr wertvoll haltende Krebs-Lady ist hell empört über solch tugendloses Laster. Sie wird ihn mit all ihren weiblichen Mitteln von ihrer Einzigartigkeit zu überzeugen versuchen. Er lässt sie eine Zeit lang in dem Glauben und wird, falls er von Liebe und Abenteuer noch nicht genug hat, einfach weiterziehen. Dieser Verlust rührt jedoch lediglich an ihrem Stolz und sie wird ihn leicht verschmerzen können.

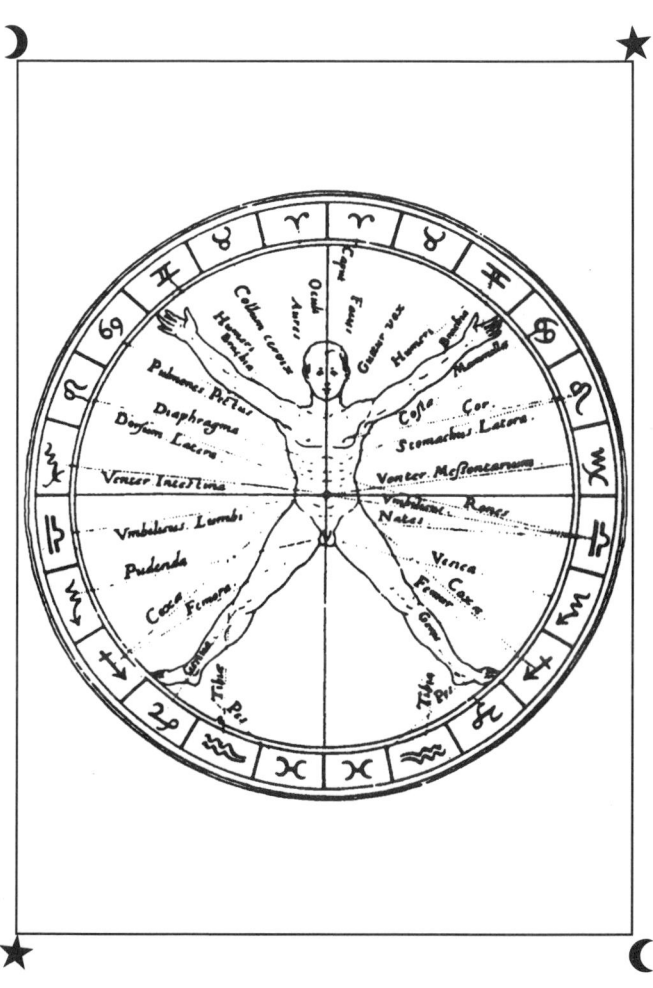

Berühmte Persönlichkeiten

In diesem Kapitel werden Ihnen einige berühmte Tierkreiszeichenvertreter – historische wie auch kulturelle Persönlichkeiten – vorgestellt. Hierbei geht es weniger um eine vollständige und umfassende Darstellung, vielmehr sollen die Tierkreistypischen Verhaltensweisen, Charaktereigenschaften und „kleinen Eigenheiten" dieser Berühmtheiten herausgestellt werden.

Hermann Hesse (2.7.1877)
In seinem Werk Demian träumt der Ich-Erzähler jahrelang von seiner großen Liebe, bis er ihr eines Tages begegnet. Ist es eine attraktive Blondine oder eine geheimnisvolle Schwarzhaarige? Ist es eine verführerische rothaarige Hexe?

Nein, die große Liebe seines Lebens ist die Mutter seines besten Freundes! Eine große, füllige, starke Person, in deren Armen der Held beinahe verschwindet. Die Vorliebe des Zeichens Krebs für alles Mütterliche hat voll zugeschlagen. Selbst die sinnliche Erfüllung des Lebens liegt in der Umarmung einer mütterlichen Figur.

Wie viele Schriftsteller hat sich Hesse stark mit seiner Kindheit beschäftigt. Doch ist bei ihm stets das Bestreben sichtbar, sich aus den Fesseln der Vorschriften zu befreien, äußerlich und durch eine neue Einstellung dem Leben gegenüber.

Seinen Helden gelingt dies letzten Endes auch. Meist eignen sie sich eine für uns fremde Ideologie an (aus einer östlichen Kultur), womit ihnen Befreiung und Aufstieg ihrer Persönlichkeit gelingen.

So repräsentieren Hesses Helden den Einsiedlerkrebs (ein typisches Symbol für das Zeichen Krebs), der normalerweise in seiner Schneckenschale lebt und es endlich schafft, sich aus seinem selbstgewählten Gefängnis hevorzuwagen und ein eigenständiges Leben zu beginnen.

Hesse begeisterte sich gleichermaßen für Wissenschaft und Mythologie. Sein „Glasperlenspiel" ist eine geglückte Mischung aus beiden. Spielerisch durchläuft die Hauptfigur die Tiefen der Erkenntnis, konzentriert, oft allein, dabei Züge des Oppositionszeichens Steinbock annehmend.

Vereinigte Staaten von Amerika (4.7.1776)
Die Verfassung datiert zwar vom 17.9.1787, was die USA zu einem Jungfrau-Volk machen würde. Die Amerikaner haben auch viel von diesem Zeichen, unter anderem den Geschäftssinn. Doch im Nationalbewusstsein wird der Tag der Unabhängigkeitserklärung gefeiert, und das macht die Amerikaner zu einem Krebs-Volk. Mit diesem Zeichen haben sie auch die meiste Verwandtschaft.

So beschreibt jeder die Amerikaner als gastfreundlich, häuslich und familiengebunden. Städte sind ihnen ein Gräuel. Mit offenen Plätzen können sie nichts anfangen. Straßencafés gibt es in jeder europäischen Hauptstadt, nicht aber in den USA. Lieber überdachen sie ihre freien Plätze. Denn in diesen „Malls" fühlen sie sich als Höhlenbewohner (wie der Flusskrebs) am wohlsten.

Auch ist die Familie dem Amerikaner viel wichtiger als uns Europäern. Werbung, Filme, sogar die Lebensmittelpackungen, sie alle sind in Größe und Zusammensetzung auf die Familie abgestimmt.

Typisch für das Zeichen Krebs ist auch die Fähigkeit, sich mit zäher Verbissenheit an Haus, Menschen oder die Arbeit zu klammern. So können sich die Amerikaner in Probleme, Forschungen oder Unternehmungen verbeißen, was ihnen (gemeinsam mit den Jungfrau-Einflüssen) die wirtschaftliche Großmachtstellung sichert.

Das Zeichen Krebs hat in einer Hinsicht einen ständigen Kampf mit sich selbst auszufechten. Einerseits sind Krebse krasse Eigenbrötler und Individualisten, allerdings nur im stillen Kämmerlein ihrer Höhlen. In der Außenwelt dagegen neigen sie oft zu Konformismus.

Das zeigt sich auch vielleicht ein wenig bei den Amerikanern: Sie achten ängstlich auf den Nachbarn, auf die allgemeinen Sitten, auf das, was man tut und was nicht. Das macht sie für einen Europäer schwer begreifbar.

Noch eine kuriose Eigenheit verweist auf das Zeichen Krebs. Die Amerikaner trinken gerne Milch, und das ist eine typische Krebs-Flüssigkeit.

Jean-Jacques Rousseau (28.6.1712)
Nach einer unglücklichen Kindheit floh der Erfinder des „Edlen Wilden" zu Madame de Warens, die ihm zur Geliebten und gleichzeitig zu einer

mütterlichen Freundin wurde (wie bei Hesses Demian!). Seine Beschäftigung mit der Vergangenheit übertrug er auf die Entwicklung der Menschheit und behauptete, die Menschheit hätte das gehabt, was ihm fehlte: eine glückliche Kindheit. Der Mensch der Urzeit war in seinen Augen ein unschuldiges Kind.

Seinem Briefroman „Nouvelle Héloise" bescheinigen die Kritiker „glühende Leidenschaftlichkeit", die in tiefe Trauer übergeht.

Vor allem aber beschäftigte er sich mit Kindern und ihrer Erziehung. Der in seinem Roman „Emile" geäußerte Gedanke, man müsse Kinder als selbstständige Wesen betrachten, auf sie behutsam eingehen und ihre besonderen Fähigkeiten fördern, war für die damalige Zeit neu. Doch seine eigenen Kinder gab er, der große Theoretiker, ins Waisenhaus!

Für Rousseau war die Wahrheit nicht die kühle, verstandesmäßige Überprüfung der Wirklichkeit, sondern die Fähigkeit zur Erschütterung.

Das gilt auch für die Religion. Den christlichen Gott, diese Herrschernatur, ersetzte Rousseau durch einen Gott, den man in der Natur, durch Gefühl und Ekstase erlebt.

Im Alter zog sich der Dichter und Denker in die Einsamkeit zurück. Fachleute vertreten die Annahme, dass er an Paranoia (Verfolgungswahn) litt, wofür Krebs-Geborene manchmal recht anfällig sind.

Peter Paul Rubens (28.6.1577) und Rembrandt (15.7.1606)

Von den vielen problematischen Krebs-Persönlichkeiten repräsentiert Rubens die heitere, offene, seelisch gesunde Seite. Das, was den Krebs-Menschen auszeichnet, die Leidenschaft und Tiefe der Gefühle, kommt in seinen Gemälden unverfälscht zum Vorschein.

Seine Bilder sind leidenschaftlich bewegt und strahlen eine glühende Farbigkeit aus, die ihnen auch heute noch Frische und Unmittelbarkeit verleihen. Er malte gerne heroisch-pathetische Kampfbilder und wandte sich der christlichen Mythologie zu.

Sein Privatleben verlief – im Gegensatz zu dem vieler seiner Tierkreisbrüder – durchaus glücklich. Er liebte das Leben, die Menschen, seine Familie, seine Freunde.

Seinem Tierkreisbruder Rembrandt war der seelische Ausdruck wichtiger als die äußere Wertung. In seinen Portraits zeigte der Zeitgenosse Rubens' viel Verständnis für die Besonderheiten des Einzelnen. Er war der typische nach innen gewandte Krebs, aber ohne Probleme und Neurosen.

Mit sich selbst hat er sich viel beschäftigt. In beinahe hundert Selbstportraits hat er sich dargestellt, oft im geheimnisvollen Halbschatten, den er bevorzugte. So steht er zwar im Raum, schafft aber künstlich – durch Licht und Schatten – eine Art Höhle, in die er sich symbolisch zurückzieht.

Dabei ist sein Gesichtsausdruck sehr verschlossen, meist unbewegt, äußerst konzentriert und die Gefühle verbergend.

Wie schon sein Zeitgenosse und Tierkreisbruder Rubens malte Rembrandt gerne mythologische Szenen (meist aus der Bibel). Seine Gemälde zeichnen sich durch feierliche Farbigkeit und auch konzentrierte Gestaltung aus. Bewegung ist wenig drin – das überlässt er den Feuerzeichen.

Franz Kafka (3.7.1883)
All das, was der Krebs braucht – Mütterlichkeit, familiäre Geborgenheit, ein Platz, wo man sich zurückziehen kann, warme Gefühle der Mitmenschen – fehlt bei diesem Dichter des absurden Grauens. Und weil es so konsequent fehlt, wird aus seiner Welt eine Welt ohne Menschlichkeit und Würde. Der typische Kafkaeske Alptraum aber ist ein Alptraum, der nur zu oft sehr real und sehr modern ist.

Die seelischen Quälereien seines Vaters konnte er nie überwinden. In seiner Erzählung „Das Urteil" spricht ein herzloser Vater das Todesurteil über seinen Sohn. Vollstreckt aber wird es nicht vom Vater, sondern vom Verurteilten.

In der „Strafkolonie" kommt der Wunsch des Zeichens Krebs, Gefühle hervorzurufen, mit erschreckender Konsequenz durch. Wenn es keine Gefühle der Liebe und Zuneigung gibt, dann sind es eben Gefühle des Schmerzes. So wird dem Verurteilten sein Urteil mit einer riesigen Egge in den Rücken geritzt.

Im „Schloss" fühlt sich niemand für den Landver-
messer K. zuständig. Niemand betreut ihn, kümmert sich um das verlassene Kind, gewährt ihm
Unterschlupf oder auch nur menschliche Zuwendung. Und das Schloss, Symbol für die Sehnsucht nach mütterlicher Geborgenheit, bleibt un-
erreicht, fern, verschlossen.

Gregor Samsa, der in der „Verwandlung" die Gestalt eines riesigen Käfers annimmt, geht letzten
Endes an der Lieblosigkeit seiner Familie zugrun-
de. Und im „Prozess" schließlich kümmert man
sich um Herrn K., aber auf entsetzlich perverse
Art: Er wird von einer ebenso undurchsichtigen
wie unerbittlichen Bürokratie verfolgt, verurteilt
und zuletzt hingerichtet.

George Sand (1.7.1804)
Amandine Aurore-Lucie Baronne Dudevant (geborene Dupin), wie die berühmte französische
Schriftstellerin und Muse zahlreicher Künstler
(unter anderem Chopins) wirklich hieß, hatte die
Leidenschaft zu ihrem Lebensinhalt erwählt. Jede
ihrer Bindungen war ebenso tief wie unglücklich.

In ihren Bauernromanen schildert sie lebenswahr
und mitfühlend dörfliche Szenen. Geborgenheit
und Häuslichkeit des ländlichen Lebens sprachen sie besonders an.

Weniger erfolgreich war sie, wenn sie sich mit so-
zialen Fragen beschäftigte. Da bescheinigte man
ihr „naiven Optimismus". Darin gleicht sie ihrem
Tierkreisbruder Rousseau. Krebse sind im Grunde ihres Herzens nicht politisch (es gibt auch kei-

nen bekannten Staatsmann unter diesem Zeichen), sondern eindeutig gefühlsmäßig engagiert.

Roald Amundsen (16.7.1872) und John Glenn (18.7.1921)

Der Südpolforscher und der Astronaut haben einiges gemeinsam: ihr zähes Anklammern an und Einfügen in eine feindliche Umwelt; ihre Bedürfnislosigkeit; ihre Fähigkeit, auf engstem Raum, sozusagen in Höhlen (Zelt bzw. Raumkapsel) zu überleben, ja überhaupt freiwillig eine solche Stätte aufzusuchen.

Amundsen war rastlos auf der Suche nach dem Nord- und nach dem Südpol. Erst fuhr er als Steuermann auf einer Südpolarexpedition mit. Dann durchfuhr er die „Nordwestpassage" im Norden. Drei Jahre hielt er sich dabei auf einer kleinen Jacht auf und fand dabei den magnetischen Nordpol.

Dann ging's wieder ab in den Süden, wo er den geographischen Südpol als Erster erreichte. Wieder im Norden, musste er zweimal überwintern. Zweimal stieß er von Alaska aus ins Eismeer vor, zweimal musste er umkehren.

Das ist sogar einem Krebs zu viel. Jetzt probierte er's über ein wesensfremdes Element, die Luft. Das misslang auch zweimal. Doch Amundsen gab nicht auf und überquerte mit einer Art Zeppelin den Nordpol. Bei einer Suchexpedition auf Spitzbergen ist er schließlich verschollen.

John Glenn umkreiste als erster amerikanischer Astronaut in der Mercury-Raumkapsel dreimal die Erde. Fast fünf Stunden dauerte das stille Spektakel. Später ging er in die Politik – mit mäßigen Erfolg. Das ist eben keine Domäne für so gefühlsbetonte Wesen.

Marcel Proust (10.7.1871)

In seinem zwölfbändigen Werk macht sich der sensible Eigenbrötler auf die „Suche nach der verlorenen Zeit" – seiner Kindheit.

Helen Keller (27.6.1880)

Mit eineinhalb Jahren wurde sie blind und taub. Erst die intensive Zuwendung ihrer Lehrerin machte aus ihr einen Menschen. Dann klammerte sie sich mit großer Zähigkeit an das Leben und die Freuden der Empfindungen und der Gefühle.

Ferdinand Sauerbruch (3.7.1875)

Er ist zwar einer der berühmtesten Chirurgen unseres Jahrhunderts (kein typischer Krebs-Beruf), doch propagierte er auch Nahrung als Heilmittel nach seinen Operationen.

Käthe Kollwitz (8.7.1875)

Sie zeichnete soziales Leid mit tiefer Anteilnahme und warmen, menschlichem Mitgefühl.

Ernest Hemingway (21.7.1899)

Sein Stil ist scheinbar gefühllos. Wie viele Krebse verbirgt er tiefe Gefühle hinter der Maske der Gleichgültigkeit. Sein Protagonist in „Der alte Mann und das Meer" klammert sich mit ungeheurer Zähigkeit an seine Beute – sowie ein Flusskrebs nichts mehr hergibt, was er in seinen Zangen hält.

Das Chinesische Horoskop

Der chinesische Mondkalender

Die chinesische Astrologie wird vom Mond beherrscht und nicht von der Sonne, wie der westliche Tierkreis. Der chinesische Mondkalender gilt als die älteste Zeitrechnung der Menschheit. Er wurde im Jahre 2637 v. Chr. von dem chinesischen Kaiser Huang-ti eingeführt.

Über die Entstehung des chinesischen Tierkreises gibt es eine alte Legende. Diese besagt, dass Buddha, als er die Erde verlassen wollte, alle Tiere zusammenrief, um sich von ihnen zu verabschieden. Doch nur zwölf Tiere folgten seinem Ruf. Zur Belohnung schenkte Buddha jedem Tier ein Jahr und zwar in der Reihenfolge ihrer Ankunft: Zuerst traf die Ratte ein, dann kamen nacheinander der Büffel, der Tiger, die Katze, der Drache, die Schlange, das Pferd, die Ziege, der Affe, der Hahn, der Hund und zuletzt das Schwein.

Jedes Tier beherrscht in einem Zyklus ein bestimmtes Jahr. Ein voller Zyklus umfasst sechzig Mondjahre und setzt sich aus fünf einfachen Zyklen von je zwölf Jahren zusammen. Danach beginnt der Zyklus wieder von vorne. Jedes Jahr ist auf diese Weise einem der zwölf Tiere zugeordnet.

Das jeweilige Tier charakterisiert das ihm unterstellte Jahr und beeinflusst das Leben der Menschen, die in diesem Jahr geboren wurden.

Wie auch in der westlichen Astrologie werden den zwölf chinesischen Tierkreiszeichen bestimmte

Qualitäten und Elemente zugeordnet, die sich jedoch von denen des westlichen Tierkreises unter-
scheiden. Dies sind die Qualitäten Yin und Yang
und die Elemente Wasser, Feuer, Holz, Metall und
Erde.

Die Bedeutung von Yin und Yang

Yin und Yang sind zwei Begriffe, die aus der alten chinesischen Philosophie stammen. Nach dem taoistischen Glauben existiert das Leben mit all seinen Erscheinungsformen durch die Bewegung von Energie zwischen zwei Polen, die als Yin und Yang bezeichnet werden. Sie sind die polare Energiemanifestation der kosmischen Urenergie, genannt Chi.

Yin und Yang sind ein Gegensatzpaar – wie männlich und weiblich, positiv und negativ oder zentripetal und zentrifugal –, durch das Leben entsteht. Die Polarität dieser Gegensätze finden wir in allen Lebensformen wieder. Dabei repräsentiert Yin den weiblichen Pol und wird mit den rezeptiven Kräften in Verbindung gebracht. Man ordnet Yin die Empfänglichkeit, die Intuition, die Nachgiebigkeit usw. zu. Yang ist der männliche, aktive Pol, dem die Initiative, das rationale Handeln, das logische Denken usw. entspricht.

Yin und Yang bilden eine Einheit, da sie sich genau ergänzen. Diese Einheit wird durch einen Kreis dargestellt – das Urprinzip allen Seins und Symbol der Harmonie. Das Gleichgewicht dieser beiden Kräfte ist daher auch verantwortlich für die Herstellung und Erhaltung der Harmonie, sei es im Körper, in der Seele oder im gesamten Kosmos. Aus diesem Grund hat auch jeder Mann (Yang) einen weiblichen Teil (Yin) in sich und jede Frau (Yin) einen männlichen (Yang), eine Vorstellung, die wir auch aus der westlichen Psychologie kennen (die so genannte Anima des Mannes und der so genannte Animus der Frau).

Die chinesischen Tierkreiszeichen werden entsprechend dieser Lehre in sechs Yin-Zeichen und sechs Yang-Zeichen unterteilt. Man sagt, der Yin-Typ sei eher introvertiert, fürsorglich, gefühlsbetont und intuitiv, während der Yang-Typ eher extrovertiert, individualistisch und unabhängig ist. Der Yin-betonte Mensch versucht sich im Kontakt mit anderen Menschen zu verwirklichen, während der Yang-betonte sein Gleichgewicht in sich selbst finden will. Yin-Menschen handeln eher überlegt, Yang-Menschen handeln meist aus einem spontanen Impuls heraus.

Die Tierkreiszeichen, die dem Yin-Prinzip zugeordnet werden, sind folgende: Ratte, Büffel, Katze, Affe, Hund und Schwein. Zum Yang-Prinzip gehören Tiger, Drache, Schlange, Pferd, Ziege und Hahn.

Die fünf Elemente

In der chinesischen Astrologie gibt es fünf Elemente: Metall, Wasser, Holz, Feuer und Erde. Wie Yin und Yang sind auch die fünf Elemente alle gleichwertig und hängen voneinander ab. Alle Elemente stehen in einer Wechselbeziehung zueinander, die wiederum für das Gesamtgleichgewicht ausschlaggebend ist.

Jedes Jahr wird mit einem Element verbunden. Daraus ergibt sich, dass jedes der zwölf Tierkreiszeichen wiederum mit einem bestimmten Element kombiniert wird. Um das Element zu finden, das Ihrem Geburtsjahr zugeordnet wird, können Sie den folgenden Schlüssel verwenden.

Wenn Ihr Geburtsjahr am Ende folgende Ziffern hat, entspricht ihm das in der Tabelle angegebene Element:

    1 und 6 = Wasser
    2 und 7 = Feuer
    3 und 8 = Holz
    4 und 9 = Metall
    5 und 0 = Erde

Das Element Wasser

Menschen, die in einem Wasser-Jahr geboren wurden, sind gefühlsbetont und weich. Aber sie leben und handeln nach dem Motto: „Steter Tropfen höhlt den Stein". Mit ihrer Ausdauer schaffen sie es, selbst den härtesten Fels zu

Sand zu zermahlen. Darüber hinaus hat Wasser die Eigenschaft, sehr flexibel zu sein. Dies bedeutet einerseits, dass Wasser-Menschen über eine gute Anpassungsfähigkeit verfügen, andererseits aber auch gerne den Weg des geringsten Widerstandes gehen. Besonders ausgeprägt ist die Intuition der in einem Wasser-Jahr Geborenen.

Das Element Feuer

Das Element Feuer verleiht Entschlusskraft und Selbstsicherheit. Menschen, die unter diesem Element geboren wurden, ergreifen gerne die Initiative und sind voller Schwung und Tatendrang. Im Gegensatz zu Wasser-Menschen sind sie eher ungeduldig. Sie reagieren sehr impulsiv, wobei sie oft dominant und egoistisch wirken. Wie ihr Element, besitzen sie ein feuriges Temperament, und wenn es mit ihnen durchgeht, können sie ziemlich hitzköpfig sein. Wenn der Feuer-Geborene sich jedoch im Zaum hält, liegt sein stärkstes Talent darin, die Dinge ohne zu zögern anzupacken und zielstrebig zu Ende zu führen. Was dabei herauskommt, ist meist sehr erfolgreich!

Das Element Holz

Menschen, die in einem Jahr des Holzes geboren wurden, sind sehr umgänglich, einfühlsam und vertrauenswürdig. Sie verstehen es ausgezeichnet, gemeinsam mit anderen große Projekte zu realisieren, wobei sie die Lorbeeren nicht für sich alleine ernten wollen. Holz-Geborene besitzen ein großzügiges Denken und viel Toleranz. Sie verfügen über ein gesundes Maß an Materialismus, den sie sich gut zu Nutze machen können. Das Element Holz birgt die Gefahr, dass man sich zu viel zumutet oder seine Möglichkeiten überschätzt.

Im besten Falle aber liegt die Begabung dieses Elements in der Realisierung großer Pläne und Aufgaben.

Das Element Metall

Wie das Element Metall, wirkt der in einem Metall-Jahr Geborene recht unbeugsam und starrköpfig. Wenn er sich ein Ziel gesetzt hat, lässt er sich durch nichts davon abbringen, es auch zu erreichen.

Dabei zieht er den Alleingang vor und lehnt jede Einmischung in seine Angelegenheiten energisch ab. Metall-Menschen müssen lernen, nicht immer mit dem Kopf durch die Wand rennen zu wollen, wenn die Sympathie anderer Menschen nichts aufs Spiel gesetzt werden soll – obgleich das „Wände einrennen" zugegebenermaßen eine der stärksten Seiten des Metall-Typs ist!

Das Element Erde

Der in einem Erde-Jahr Geborene ist praktisch und realistisch. Er besitzt einen gesunden Unternehmungsgeist, wobei er sich aber nie in unrealistische Pläne versteigt, sondern vielmehr solide Projekte auf die Beine stellt.

Seine Handlungen sind stets wohl überlegt und gründlich durchdacht, weshalb das, was er tut, meist auch bestens funktioniert. Sein Verantwortungsbewusstsein und seine Disziplin verdienen aufrichtige Bewunderung, obwohl er auf Vertreter anderer Elemente oft etwas zu konservativ und nüchtern wirkt. Doch alles, was ein Erdmensch anpackt, hat Hand und Fuß – und darüber hinaus ein absolut sicheres Fundament!

Der Weggefährte

Wie in der westlichen Astrologie spielt die Geburtszeit auch in der chinesischen eine besondere Rolle. Im westlichen Horoskop ergibt sich aus der Geburtszeit der so genannte Aszendent, dem im chinesischen der „Weggefährte" entspricht.

Die vierundzwanzig Stunden des Tages werden wiederum in zwölf Abschnitte unterteilt, die jeweils einem Tierkreiszeichen zugeordnet werden. Dabei beginnt der Tag des chinesischen Mondkalenders um 23 Uhr. Der Weggefährte beeinflusst die Qualität des Tierkreiszeichens, unter dem man geboren ist.

Jede der zwölf möglichen Kombinationen von Tierkreiszeichen und Weggefährten bewirkt eine spezielle Färbung der individuellen Persönlichkeit.

Um herauszufinden, welcher Weggefährte ihr Tierkreiszeichen begleitet, suchen Sie bitte in der folgenden Tabelle Ihre Geburtszeit. Das Tier, das in diesen Zeitabschnitt fällt, ist Ihr Weggefährte: Wenn Sie wissen wollen, wie der Weggefährte Ihr Tierkreiszeichen beeinflusst, lesen Sie bitte unter beiden Zeichen nach und kombinieren Sie die Eigenschaften beider miteinander. Sollten Sie unter einem Doppelzeichen geboren sein, das heißt, nach Ihrem Geburtsjahr und Ihrer Geburtsstunde sind Sie beispielsweise Ratte/Ratte, bedeutet dies, dass die Qualitäten dieses Tierkreiszeichens in Ihrer Persönlichkeit besonders markant sind und in Ihrem Leben besonders stark zum Ausdruck kommen.

Stundentabelle

23.00 - 1.00 Uhr – Ratte

1.00 - 3.00 Uhr – Büffel

3.00 - 5.00 Uhr – Tiger

5.00 - 7.00 Uhr – Katze

7.00 - 9.00 Uhr – Drache

9.00 - 11.00 Uhr – Schlange

11.00 - 13.00 Uhr – Pferd

13.00 - 15.00 Uhr – Ziege

15.00 - 17.00 Uhr – Affe

17.00 - 9.00 Uhr – Hahn

19.00 - 21.00 Uhr – Hund

21.00 - 23.00 Uhr – Schwein

Die Ermittlung Ihres chinesischen Tierkreiszeichens

Um Ihr „Haupttierkreiszeichen", das so genannte „Jahreszeichen", zu ermitteln, benötigen Sie die Jahreszahlentabellen, die Sie vor der Beschreibung jedes Tierkreiszeichens finden. Suchen Sie in den zwölf Tabellen nach Ihrem Geburtsdatum.

Auch hier unterscheidet sich der chinesische Kalender vom westlichen. Wie Sie aus den Tabellen ersehen werden, beginnt die Einteilung der Jahre nicht am ersten Tag des Monats. Das Jahr der Ratte beginnt beispielsweise am 31.01.1900 und endet am 19.02.1901. Daher sind Tabellen, die nur die Jahreszahlen angeben, ungenau. Wer am 10.02.1901 geboren ist, ist Ratte. Wer hingegen am 10.03.1901 geboren ist, ist Büffel.

Beispiel
Geburtsdatum: 22.01.1950, 4.30 Uhr

Um Ihnen die Suche in den zwölf Tabellen zu erleichtern, hier eine kleine Hilfestellung:

Die chinesischen Tierkreiszeichen, beginnend mit dem Zeichen Ratte im Jahre 1900, halten immer die gleiche Reihenfolge ein.
Das heißt:

1900 = Ratte, 1901= Büffel, 1902= Tiger, 1903= Katze, 1904 = Drache, usw. bis 1911 = Schwein. Das Jahr 1912 ist dann wieder ein Jahr der Ratte, 1913 = Büffel usw.

Wenn Sie, ausgehend vom Jahr 1900, solange mit 12 multiplizieren, bis Sie Ihr Geburtsjahr erreichen oder annähernd erreichen, können Sie bei jedem Zwölfer-Abschnitt mit der Ratte beginnen und bis zu Ihrem Geburtsjahr weiterzählen:

In unserem Beispiel heißt das: in (19)50 geht 12 viermal, Rest 2. Daraus folgt: 12 x 4 = (19)48 + 2 = (19)50.

Daraus ergibt sich: 1948 ist wieder ein Jahr der Ratte, 1949 ein Jahr des Büffels und 1950 ein Jahr des Tigers.

Da Geburtsdaten, die in die Monate Januar und Februar fallen, immer genau im Zeichenwechsel des chinesischen Tierkreises liegen, müssen Sie in diesem Fall in der Tabelle vor und nach dem Zeichen Tiger nach Ihrem Geburtsdatum suchen.

In unserem Beispiel finden wir den 22.01.1950 nicht in der Tabelle des Zeichens Tiger, da dieses erst ab dem 17.02.1950 beginnt. Da unser Datum vor dem 17.02.1950 liegt, suchen wir nun bei dem Zeichen, das vor dem Tiger kommt, nämlich Büffel.

Ihren Weggefährten finden Sie leichter: Sehen Sie in der Stundentabelle nach, in welchem Zeitabschnitt Sie geboren sind.

In unserem Beispiel ist die Geburtszeit 4.30 Uhr. In der Tabelle finden wir:

3.00 – 5.00 Uhr – Tiger.

Wenn Sie um 4.30 Uhr geboren sind, ist Ihr Weg-gefährte Tiger.

Auch Ihr Element finden Sie sehr leicht: Schlagen Sie dazu die Elementen-Tabelle auf. In unserem Beispiel endet das Geburtsjahr mit der Zahl 0. In der Tabelle finden wir:

5 und 0 = Erde.

Wenn Sie im Jahr 1950 geboren sind, ist Ihr Element Erde. Unser Beispiel ergibt insgesamt: Büf-fel/Tiger/Erde!

Um zu erfahren, welche individuelle Persönlichkeit der unter diesem Zeichen Geborene hat, lesen wir in Bezug auf unser Beispiel nun als Erstes unter „Büffel" nach, dann unter „Tiger" und „Erde".

Um ein ganz exaktes Bild von Ihrer persönlichen Veranlagung zu erhalten, die Sie mit in dieses Leben gebracht haben, sollte auch das westliche Horoskop berücksichtigt werden. Die chinesi-schen Tierkreiszeichen, so wie sie hier dargestellt sind, können Ihnen zusätzliche Informationen über Ihre Persönlichkeit liefern. Man sollte sich aber immer vergegenwärtigen, dass die Kombi-nation aller Zeichen Ihres Gesamthoroskops erst Ihre Individualität widerspiegelt, die bei der Viel-zahl der Kombinationsmöglichkeiten tatsächlich einmalig ist.

Die zwölf chinesischen Tierkreiszeichen

Ratte

Yin; festes Element: Wasser
Chinesischer Name: Schu

Jahreszahlentabelle Ratte

```
31.1.1900 – 19.2.1901
18.2.1912 –  6.2.1913
 5.2.1924 – 25.1.1925
24.1.1936 – 11.2.1937
10.2.1948 – 29.1.1949
28.1.1960 – 15.2.1961
15.2.1972 –  2.2.1973
 2.2.1984 – 19.2.1985
19.2.1996 –  6.2.1997
 7.2.2008 – 25.1.2009
```

(Die angegebenen Daten beziehen sich auf den ersten und den letzten Tag im Jahr des betreffenden Zeichens.)

Die Ratte-Persönlichkeit
Ganz im Gegensatz zu der Vorstellung, die wir von der Ratte im Naturreich haben, sagt man den in einem Ratte-Jahr geborenen menschlichen Vertretern dieses Tierkreiszeichens ausgesprochen positive Qualitäten nach. Es heißt, die Ratte sei attraktiv, charmant, liebenswert und verführerisch. Darüber hinaus zeigt sie auch noch einen Hang zum Besonderen.

DAS CHINESISCHE HOROSKOP

Der Ratte-Geborene tanzt gerne aus der Reihe – und auch gerne auf dem Glatteis. Mittelmäßigkeit ist ihm ein Gräuel und Langeweile sein ärgster Feind. Aus diesem Grund übertritt er mit Vorliebe Verbote, Anstandsregeln und Tabus. Sie können sich sicherlich vorstellen, dass diese Mischung aus Exzentrik und kapriziösem Verhalten auf den ersten Blick eine starke Faszination ausüben kann.

Die Ratte besitzt eine fast magische Anziehungskraft auf ihre Mitmenschen, was nicht verwundert, wenn man ein wenig tiefer in die Geheimnisse ihrer Persönlichkeit eindringt.

Ratte-Menschen geben nur ungern ihre tiefen und innersten Geheimnisse preis. Der Wunsch des Ratte-Menschen, lieber selbst alles im Griff zu haben, resultiert aus einem extremen Sicherheitsbedürfnis. Und um dieses Bedürfnis zu befriedigen, ist er mit einem gesunden Maß an Aggressivität, Durchsetzungswillen, Berechnung und Listigkeit ausgestattet.

Doch wie bei allem im Leben gibt es auch hier eine Kehrseite der Medaille: Ratte-Menschen sind tatkräftig, kreativ, phantasiereich, originell, kontaktfreudig und unterhaltsam. Kein Wunder, dass sie ein wahres Führungstalent besitzen, wie wir bei den berühmten Vertretern dieses Tierkreiszeichens sehen werden.

Die Ratte und ihr Gefühlsleben
Ratte-Menschen sind ausgesprochen gefühlsbetont und vor allem sehr, sehr leidenschaftlich.

Wenn sie glücklich sind und sich geliebt und verstanden fühlen, mangelt es ihnen nicht an Treue. Darüber hinaus besitzen Sie mit der Liebe einer Ratte nicht nur ihre Treue, sondern auch ihre Kameradschaft und volle Unterstützung. Vor anderen verteidigt die Ratte ihren Partner bis aufs Messer.

Doch eines sollten Sie vermeiden: Enttäuschen Sie Ihre Ratte nicht, und lassen Sie sie nicht allzu oft allein. Obwohl wir es in diesem Fall mit einem wahrhaftigen Außenseiter zu tun haben, hat der Ratte-Geborene viel Familiensinn.

Wie wir bereits wissen, legen Ratten keinen besonderen Wert auf Traditionen und Konventionen. Doch das Chaos, das einem bei oberflächlicher Betrachtung im Heim einer Ratte entgegenschlägt, entpuppt sich bei genauerem Hinsehen als wohl geordnet. Es ist eben alles nicht ganz so, wie man es gewöhnt ist, und schon gar nicht, wie man es erwartet.

Hier einige Tipps für ein harmonisches Zusammenleben mit Ihrem Rattepartner. Als Erstes sollten Sie Ihre leidenschaftlichen Gefühle auf keinen Fall verbergen. Im Gegenteil: Ihre Ratte liebt Vulkanausbrüche! Wenn Sie Ihre Ratte betrügen, müssen Sie damit rechnen, dass sie sofort zum Gegenschlag ausholt und sie – fast augenblicklich – „zurück-betrügt".

Falls Ihre Ratte Sie betrügt, war dies ein reines Versehen. Sie werden sicherlich Verständnis dafür aufbringen, sobald Ihre Ratte ihr Plädoyer

gehalten hat. Sie werden ein aufrichtiges Schuld-
eingeständnis mit all den dazugehörigen und absolut einsichtigen Gründen für dieses Missge-
schick erhalten.

Ratte-Menschen sind sehr gute Eltern. Wenn Sie
Ihre Ratte nicht zu einer sofortigen Annullierung
der Ehe zwingen wollen, sollten Sie Ihre Flitterwo-
chen nicht unbedingt pauschal buchen. Geregel-
te Frühstückszeiten, Vollpension und womöglich
ein fester Liegestuhl mit Sonnenschirm am
Strand sind für den Ratte-Geborenen ein sicherer
Scheidungsgrund.

Und noch etwas, wie Sie das Herz Ihrer Ratte
betören können: Schenken Sie Ihrer Ratte zum
Geburtstag nicht immer nur Dinge, die wir gewöhnlich als nützlich betrachten. Sicherlich liebt
Ihre Ratte-Dame einen gut ausgestatteten Haus-
halt und Ihr Ratte-Mann eine beeindruckende
Bücherwand.

Der Weg zum Erfolg im Zeichen Ratte
Die Ratte liebt ihre Unabhängigkeit. Darüber hi-
naus ist sie ein ausgesprochener Individualist. Ihr
Talent besteht als Erstes darin, zu beweisen, dass
alle festen Regeln und Gewohnheiten mit einem
Handstreich zunichte gemacht werden können.

Wie klettert eine Ratte die Erfolgsleiter hinauf?
Nun, bekanntlich sind Ratten Nagetiere. Also wird
die Ratte den sprichwörtlichen Stuhl nicht absä-
gen, sondern durchnagen. Weil sie dies vornehm-
lich im Dunkeln tut, kann es sein, dass Sie nichts
davon bemerken, bis Sie umkippen.

Berühmte Ratte-Persönlichkeiten
Konrad Adenauer, Johann Sebastian Bach, Marlon Brando, Prinz Charles, Doris Day, Mata Hari, Wolfgang Amadeus Mozart, Ronald Reagan, William Shakespeare, Donna Summer.

Büffel

Yin; festes Element: Wasser
Chinesischer Name: Nyu

Jahreszahlentabelle Büffel

```
19.2.1901 –  8.2.1902
 6.2.1913 – 26.1.1914
25.1.1925 – 13.2.1926
11.2.1937 – 31.1.1938
29.1.1949 – 17.2.1950
15.2.1961 –  5.2.1962
 3.2.1973 – 22.1.1974
20.2.1985 –  8.2.1986
 7.2.1997 – 27.1.1998
26.1.2009 – 13.2.2010
```

Die Büffel-Persönlichkeit
Der Büffel ist ein sehr erdverbundenes Zeichen. Das bedeutet, dass er es mit seiner bewundernswerten Geduld und Ausdauer Schritt für Schritt zu beträchtlichem Wohlstand bringt. Seine Hartnäckigkeit und sein Pflichtbewusstsein sind der Grund, warum ihm manche Menschen vorwerfen, er sei ein „Dickschädel". Er ist ein unermüdlicher Arbeiter, und alles, was er anpackt und angeht, hat Hand und Fuß.

Alles, was ein Büffel-Geborener anpackt, gelingt auch meist. Wenn er eine Aufgabe übernimmt, plant er sie mit Methode und führt sie zuverlässig zu Ende. Dabei nimmt er sich Zeit, anstatt überhastet und unbedacht darauf los zu stürmen.

Wenn er dies erledigt hat, sollten Sie sich in Acht nehmen, denn plötzlich stürmt der Büffel los. Wenn dieser kraftstrotzende Zeitgenosse erst einmal aktiv geworden ist, kann ihn nichts mehr bremsen, und Sie sollten besser das Feld räumen, wenn er über die Prärie donnert.

Manchmal macht der Büffel den Eindruck, als sei er die Ruhe selbst. Das ist er auch, solange Sie so klug sind, ihn nicht zu provozieren. Wenn ein Büffel tobt, können Sie sich nur noch in Sicherheit bringen, bis sich der Sturm wieder gelegt hat!

Obwohl der Büffel ein Herdentier ist, bleibt er immer ein Individualist. Er liebt seine Unabhängigkeit, ist originell und lebt nach seinen eigenen Prinzipien. Versuchen Sie daher nicht, ihn zu ändern. Vielmehr vertrauen Sie ihm, so wie er ist. Und das können Sie blind, denn es heißt, der Büffel sei das vertrauenswürdigste, ehrlichste und treueste Zeichen.

Der Büffel und sein Gefühlsleben
Obwohl der Büffel-Geborene seine Unabhängigkeit liebt und so leben will, wie es ihm gefällt, besitzt er all die Eigenschaften, die man an einem Lebenspartner schätzt. Sicherheit spielt bei einem Büffel eine große Rolle. Er geht feste und

dauerhafte Beziehungen ein und ist seinem Partner treu ergeben. Er hält nichts von kurzen Liebesromanzen und flüchtigen Abenteuern, weshalb etwas flatterhaft veranlagte Menschen bei ihm auf Granit beißen.

Wenn Sie einen Büffel lieben, sollten Sie sich an praktischen Dingen erfreuen können. Ihr Büffel schätzt es nicht, sein Geld für unnützen Firlefanz auszugeben. Und für überschwängliche Liebesbeteuerungen hat er meistens keine Zeit.

Wie Sie bereits wissen, reagiert der Büffel sehr empfindlich auf das sprichwörtliche rote Tuch. Deshalb sind Sie gut beraten, es nicht unbedingt auf die Spitze zu treiben.

Wenn Sie ein Heim und eine Familie gründen wollen, ein gesichertes Einkommen und Ihren Lebensabend mit einem beachtlichen Bankguthaben und einem komfortablen Eigenheim verbringen wollen, sollten Sie sich einen Büffel an Land ziehen.

Der Weg zum Erfolg im Zeichen Büffel
Wie wir bereits wissen, ist der Büffel ein zäher, zielstrebiger und ausdauernder Arbeiter.

Darüber hinaus lässt er sich keine Vorschriften machen, dafür ist er schlichtweg zu unabhängig und individualistisch veranlagt. Vielmehr entspricht es eher seiner Natur, die Regeln selbst zu bestimmen. Aus diesem Grund ist der Büffel-Geborene nicht dazu bestimmt, eine Position zu bekleiden, in der er nichts zu sagen hat. Der Büffel hat das Gefühl, dass er seine Arbeit selbst am besten erledigen kann. Daher lehnt er Hilfe meistens ab.

Büffel sind keine Träumer und bauen keine Luftschlösser. Sie sind praktisch und realistisch, und so gehen sie auch an ihre Projekte heran. Daher kann man sicher sein, dass ein Büffel-Geborener die Pläne, die er in Angriff nimmt, auch verwirklichen wird – und noch dazu mit großem Erfolg.

Berühmte Büffel-Persönlichkeiten
Aristoteles, Richard Burton, Willy Brandt, Gary Cooper, Charlie Chaplin, Prinzessin Diana, Walt Disney, Hermann Hesse, Hildegard Knef, Jack Nicholson, Robert Redford, Vanessa Redgrave.

Tiger

Yang; festes Element: Holz
Chinesischer Name: Hu

Jahreszahlentabelle Tiger

```
 8.2.1902 – 29.1.1903
26.1.1914 – 14.2.1915
13.2.1926 –  2.2.1927
31.1.1938 – 19.2.1939
17.2.1950 –  6.2.1951
 5.2.1962 – 25.1.1963
23.1.1974 – 10.2.1975
 9.2.1986 – 28.1.1987
28.1.1998 – 15.2.1999
14.2.2010 –  2.2.2011
```

Die Tiger-Persönlichkeit
Der Tiger gilt als ein Glückszeichen. In China schreibt man diesem königlichen Tier Macht und Kühnheit zu.

Daher der Glaube, der Tiger sei ein Zeichen des Schutzes, das Kraft verleiht. Die chinesischen Astrologen sagen jedoch auch, dass das Leben der Tiger-Geborenen sehr risikoreich sein kann. Der Tiger gilt als wagemutig, leichtsinnig und abenteuerlustig, was ihn manchmal in Gefahr bringen kann.

Der Tiger-Geborene sprüht vor Lebenslust. Er ist ständig in Aktion, und seine Energie scheint unerschöpflich.

Sein unerschütterlicher Optimismus bewahrt ihn davor, sich um materielle Dinge und ein gesichertes Leben kümmern zu müssen. Der Tiger sorgt sich wenig darum, Geld zu verdienen.

Trotzdem hat er meistens genug Geld und gibt es genauso großzügig wieder aus, um bald darauf wieder im Geld zu schwimmen. Man möchte nun glauben, dass er dafür hart arbeiten muss oder eine geniale Erfindung gemacht hat. Aber dem ist nicht so. Der Tiger hat ganz einfach Glück – und eine Menge Fans, die ihn immer gerne großzügig unterstützen.

Tiger sind leidenschaftlich, gefühlvoll und sehr menschlich. Logischen Argumenten gegenüber sind Tiger nicht so aufgeschlossen, dafür aber umso mehr Lob und Streicheleinheiten.

Das Leben des Tigers ist oft so chaotisch, dass ein anderer glatt Selbstmord begehen würde. Aber nicht so der Tiger, den Sodom und Gomorrha noch lange nicht aus der Fassung bringen können. Und wenn ihm eine Sache doch etwas zu heiß wird, rettet er sich mit einem eleganten Sprung und landet wieder sicher auf allen Vieren!

Obwohl man es nach all dem kaum glauben möchte, besitzen Tiger eine ausgesprochen treue Seele. Sie sind großzügig und haben einen ausgeprägten Gerechtigkeitssinn. Freiheit geht ihnen über alles, vor allem ihre eigene. Jeder, der versucht, sie einzuengen oder ihnen sogar Zwänge oder Regeln aufzuerlegen, lernt das Raubtier in ihnen kennen.

Der Tiger und sein Gefühlsleben
Es ist nicht schwer zu erraten, dass der Tiger sich nicht gerne an die Kette legen lässt. Sollten Sie es dennoch versuchen, werden Sie sehr bald feststellen, dass Sie an Ihrem faszinierenden König des Dschungels keinen besonderen Spaß mehr haben. Aber eines kann Sie beruhigen: Der Tiger ist von Natur sehr treu.

Tiger sind überaus gefühlvoll und großzügig. Darüber hinaus hassen sie jegliche Heuchelei. Was ein Tiger sagt, das meint er auch so. Daher wird er Sie auch nicht belügen.

Wenn Sie sich einen Tiger einfangen wollen, machen Sie sich rar. Tiger machen nicht gerne leichte Beute und lieben die Eroberung.

Ein Tiger kommt sein Leben lang nicht aus der Sturm-und-Drang-Zeit heraus. Wenn Sie sich also zu einem Tiger gesellen wollen, ist das Einzige, was absolut sicher ist, dass es Ihnen nie langweilig wird.

Der Weg zum Erfolg im Zeichen Tiger
Mit seiner Dynamik und seinem Optimismus scheut der Tiger kein Risiko. Er lässt sich auf die waghalsigsten Unternehmungen im blinden Vertrauen ein, dass ihm das Glück schon hold sein wird.

In einer Position, in der seine Freiheit eingeschränkt ist, wird man einen Tiger kaum finden und wenn, dann nicht sehr lange. Klarer Fall, dass er der Herrscher ist, und wer dies in Frage stellt, wird sehr bald eines Besseren belehrt werden.

Der Tiger ist ein Erfolgstyp. Aber er will im Alleingang zu Ruhm und Ehren gelangen und lehnt jede Einmischung in seine Angelegenheiten ab. Nur wenn er das Gefühl hat, es ganz alleine geschafft zu haben, empfindet er seinen Sieg als wahren Triumph.

Auch im Berufsleben braucht der Tiger Bewegung. Daher kann es passieren, dass er öfter eine neue Beschäftigung braucht, weil ihm die alte zu langweilig geworden ist.

Als Selfmade-Typ wird er wohl kaum beständig eine Stufe nach der anderen die Karriereleiter hinaufklettern. Er nimmt die ganze Leiter mit einem

Satz, und wenn ihm das nicht auf Anhieb gelingt, probiert er lieber gleich eine andere Leiter aus.

Berühmte Tiger-Persönlichkeiten
Prinzessin Anne, Königin Elisabeth II., Alec Guiness, Thor Heyerdahl, Marilyn Monroe, Elisabeth Kübler-Ross, Romy Schneider.

Katze

Yin; festes Element: Holz
Chinesischer Name: Tu

Jahreszahlentabelle Katze

29.1.1903 – 16.2.1904
14.2.1915 – 3.2.1916
 2.2.1927 – 23.1.1928
19.2.1939 – 8.2.1949
 6.2.1951 – 27.1.1952
25.1.1963 – 13.2.1964
11.2.1975 – 30.1.1976
29.1.1987 – 16.2.1988
16.2.1999 – 4.2.2000
 3.2.2011 – 22.1.2012

Die Katze-Persönlichkeit
Allen Sprichwörtern zufolge hat die Katze sieben Leben. Ebenso herrscht in China der Glaube, dass das Tierkreiszeichen der Katze ein Symbol der Langlebigkeit ist. Die Katze gibt ein Bild vollendeter Grazie, Eleganz und Harmonie ab. Wie ihre Artgenossen aus dem Tierreich sind auch die menschlichen Vertreter dieses Zeichens ausge-

sprochen geschmeidig und gewandt. Sie verfügen über diplomatisches Geschick und vermeiden, wenn möglich, jeden Streit oder Konflikt.

Katzen sind eher vorsichtig und gehen der Gefahr aus dem Weg. Wenn man sie jedoch in die Enge treibt und ihnen kein anderer Ausweg bleibt, zeigen sie die Krallen und beweisen, dass sie doch eine entfernte Verwandschaft mit einem Raubtier haben.

Mit ihrer warmherzigen, feinfühligen und geselligen Art sind Katzen sehr beliebt als Gastgeber, Freund, Kollege und Partner. Sie glänzen gerne in einem kleinen, vertrauten Kreis, während sie draußen in der Welt eher zurückhaltend und vorsichtig sind.

Alles Unvorhergesehene ist einem Katze-Geborenen sehr verhasst. Ein unerwartetes Ereignis, auf das er sich nicht lange vorbereiten konnte, bringt ihn völlig aus dem Gleichgewicht.

Eine Katze erreicht ihre Ziele niemals dadurch, dass sie mit dem Kopf durch die Wand rennt. Im Gegenteil, sie setzt ihren Willen mit Takt und viel Geschick durch. Sie besitzt ein ausgeprägtes Fingerspitzengefühl für die Art, wie man mit anderen Menschen am besten verhandelt. Daher hat sie auch eine glückliche Hand für gute Geschäfte.

Katzen sind auf charmante und ganz bezaubernde Art raffiniert. Sie schaffen es, ihren ärgsten Feind so geschickt zu umgarnen und ihm so ge-

konnt zu schmeicheln, dass er glatt dahin-
schmilzt und ins feindliche Lager überwechselt.

Stress ist für die Katze ein Fremdwort, und wenn
jemand versucht, sie anzutreiben, verkriecht sie
sich erst einmal hinter dem Ofen, und niemand
kann sie so schnell wieder hervorlocken. Katzen
sind die geborenen Lebenskünstler.

Die Katze und ihr Gefühlsleben
Katzen sind verständnisvoll und feinfühlig. Wenn
Sie jemandem Ihr Herz ausschütten wollen, sind
Sie bei einer Katze am richtigen Platz. Wenn Sie
aber jemanden brauchen, der Sie bis aufs Messer
verteidigt oder sein letztes Hemd für Sie opfert,
sollten Sie besser einen Tiger oder einen Hund
aufsuchen. Einer Katze dürfen Sie nicht allzu sehr
zur Last fallen. Das bringt sie aus der Ruhe!

Da Katzen sehr viel Liebe und Zärtlichkeit brauchen und darüber hinaus auch noch überaus in-
telligent sind, wissen sie genau, wie sie sich ihre
Bedürfnisse erfüllen können. Sie umschmeicheln
ihre Auserwählten so liebevoll, dass diese ihren
Liebesbezeugungen nicht widerstehen können
und meistens nachgeben.

Der Katze-Geborene braucht ein sicheres, war-
mes Nest, in dem er sich rundherum wohlfühlen
kann. Wenn er es einmal gefunden hat, wird er es
so schnell nicht wieder verlassen.

Der Weg zum Erfolg im Zeichen der Katze
Die Katze ist der geborene Diplomat, daher
kommt sie gut mit anderen Menschen zurecht.

Auch das Rampenlicht tut ihren Augen weh, und sie macht nicht gerne viel Lärm um sich. Ihr Privatleben ist der Katze wesentlich wichtiger als beruflicher Erfolg.

Aber in manchen Situationen macht die Katze das Rennen, während einige Vertreter anderer Zeichen gar nicht bemerken, dass sie gerade dabei sind, von diesem harmlosen, stets freundlichen und zuvorkommenden Wesen elegant und charmant vor die Tür gesetzt zu werden.

Aus sicherer Distanz bewahrt sie den vollen Überblick, und ihren wachsamen Augen und Ohren entgeht nichts, was von Bedeutung ist.

Berühmte Katzen-Persönlichkeiten
Albert Einstein, Agatha Christie, Joachim Fuchsberger, Dieter Hildebrandt, Gina Lollobrigida, Karl May, Henry Miller, Roger Moore, Frank Sinatra, Tina Turner, Orson Welles.

Drache

Yang; festes Element: Holz
Chinesischer Name: Lung

Jahreszahlentabelle Drache

```
16.2.1904 –  4.2.1905
 3.2.1916 – 23.1.1917
23.1.1928 – 10.2.1929
 8.2.1940 – 27.1.1941
27.1.1952 – 14.2.1953
```

```
13.2.1964 –  2.2.1965
31.1.1976 – 17.2.1977
17.2.1988 –  5.2.1989
 5.2.2000 – 23.1.2001
23.1.2012 –  9.2.2013
```

Die Drache-Persönlichkeit

Dieses Fabeltier sprüht vor Vitalität und Energie. Drachen sind faszinierend und erschöpfend zugleich. Was sie am meisten hassen, ist der fade Alltag mit seiner farblosen Routine. Daher tun sie alles, um ihr Leben möglichst chaotisch zu gestalten und überall Unordnung zu schaffen, um jeglicher Monotonie vorzubeugen.

In China gilt der Drache als das Symbol des Kaisers und der Macht.

Aber es gibt einen kleinen Trick, wie man sich bei einem Drachen Gehör verschaffen kann: Rühren Sie an sein großes Herz!

Wenn ein Drache kämpft, erscheint ein Vulkanausbruch im Vergleich dazu eher harmlos. Wie ein Feuersturm fegt er übers Land und hinterlässt eine Wüste, ohne mit der Wimper zu zucken.

Der Drache braucht eine Aufgabe, für die er seine überschüssige Kraft einsetzen kann, sonst steht er ständig unter Druck, und das bekommt ihm nicht besonders gut.

Auch in den größten Schwierigkeiten lässt sich ein Drache nicht unterkriegen. Er gibt sich niemals geschlagen, selbst wenn eine Sache noch so aussichtslos erscheint. Und kommen Sie ihm nicht mit Vernunft oder logischen Argumenten! Dann verrennt er sich nämlich nur noch mehr!

Der Drache und sein Gefühlsleben
Nach allem, was Sie bereits über den Drachen wissen, können Sie sich sein Gefühlsleben sicherlich lebhaft vorstellen. Der Drache besitzt ein riesengroßes Herz und ein feuriges Temperament. Wenn er liebt, dann mit Haut und Haaren und ohne lange Umschweife.

Wenn Sie von einem Drachen erobert worden sind, werden Sie sich als Auserwählter und obendrein als der glücklichste Mensch der Welt vorkommen! Drachen sind nämlich unwiderstehlich. An der Seite eines Drachen erstrahlt man selbst in seinem schönsten Licht. Sie fühlen sich in seiner Gegenwart einfach großartig.
Einen Drachen zu erobern, ist nicht einfach, denn er tut das sehr gerne selbst.

Der Weg zum Erfolg im Zeichen Drache
Wenn ein Drache die Erfolgsleiter erklimmt, bleibt dies nicht unbemerkt. Er nimmt sie im Sturm, wobei er kaum Notiz davon nimmt, wenn andere dabei auf der Strecke bleiben. Dort, wo alle anderen längst aufgegeben haben, wird es für den Drachen erst richtig interessant. Wenn Sie ihn zur Weißglut bringen oder gar hinausekeln wollen, langweilen Sie ihn mit Routinearbeiten oder bürokratischem Papierkram.

Was der Drache braucht, ist eine ihm angemessene Aufgabe. Er muss Pionierleistungen erbringen und als Erster den Mount Everest besteigen. Da ihm hier leider schon jemand zuvorgekommen ist und auch Kolumbus schon vor ihm in Amerika war, ist seine berufliche Laufbahn häufig recht kurvenreich. Der Drache muss experimentieren und oft mehrere Berufe ausüben.

Berühmte Drache-Persönlichkeiten
Salvador Dalí, Kirk Douglas, Faye Dunaway, Jean Gabin, John Lennon, Jeanne Moreau, Anthony Quinn, Gregory Peck, Ringo Starr.

Schlange

Yang; festes Element: Feuer
Chinesischer Name: Schi

Jahreszahlentabelle Schlange

4.2.1905 – 25.1.1906
23.1.1917 – 11.2.1918
10.2.1929 – 30.1.1930
27.1.1941 – 15.2.1942
14.2.1953 – 3.2.1954
21.2.1965 – 21.1.1966
18.2.1977 – 6.2.1978
6.2.1989 – 26.1.1990
24.1.2001 – 11.2.2002
10.2.2013 – 30.1.2014

Die Schlange-Persönlichkeit
In China gilt die Schlange als die Verkörperung der Weisheit. Und auch andere Vorurteile, die wir im Allgemeinen gegenüber ihren Vertretern aus

dem Tierreich haben, müssen wir korrigieren. Schlangen verfügen über magische Kräfte und übersinnliche Fähigkeiten. Mit ihrer ausgeprägten Intuition sind sie für andere Menschen daher oft rätselhaft und geheimnisvoll.

Schlange-Geborene sind ein Vorbild an Eleganz und Ästhetik.

Schlangen verstehen es, sich gut und teuer zu kleiden, und auch sonst ist alles, was sie besitzen, nur vom Feinsten. Wenn Sie einer Schlange eine Freude machen wollen, gehen Sie mit ihr in den besten Juwelierladen am Platz.

Der Schlange-Geborene verliert nicht einmal angesichts der größten Katastrophe die Nerven. Wie ein Fels in der Brandung bleibt er stets geistesgegenwärtig und meistert die Lage mit Bravour.

Die Schlange und ihr Gefühlsleben
Die Schlange erwartet bedingungslose Treue. In der Liebe kennt sie kaum Kompromisse. Wenn sie ein Opfer auserkoren hat, hypnotisiert sie es, was ihr mühelos gelingt. Danach verschlingt sie es mit Haut und Haaren. Wenn Sie nicht bereit sind, sich ganz und gar in Besitz nehmen zu lassen, sollten Sie versuchen, den Verführungskünsten einer Schlange nicht zu erliegen. Was für andere gilt, muss aber noch lange nicht für die Schlange gelten. Sie selbst nimmt es mit der Treue nicht allzu genau, und in Besitz nehmen lässt sie sich auch nicht so gerne. Sie hat ihre eigenen Vorstellungen von Treue.

Wenn Sie eine Schlange zum Partner haben, wird es Ihnen nicht an interessantem Gesprächsstoff mangeln. Schlangen sind ausgesprochen gute Unterhalter. Sie führen gerne tief schürfende, philosophische Gespräche.

Wenn eine Schlange glücklich und zufrieden ist, ist sie ein sehr umgänglicher Gefährte. Sie kann überaus verständnisvoll und tolerant sein.

Der Weg zum Erfolg im Zeichen Schlange

Schlangen haben kein besonderes Bedürfnis nach Erfolg. Was sie wollen, lässt sich auf einen einfachen Nenner bringen. Sie wollen so leben können, wie es ihnen gefällt. Dies heißt im Klartext: Eine Schlange möchte ein ruhiges und komfortables Leben führen und morgens nicht aus dem warmen Bett kriechen müssen.

Wenn sie nicht bereits als Millionär geboren wurden und daher zur Arbeit gezwungen sind – die ihnen gar nicht liegt – entwickeln daher auch Schlangen eine gesunde Portion Ehrgeiz und Zielstrebigkeit.

Sie besitzen genau die richtige Mischung von Charme, Kaltblütigkeit, Intelligenz, Einfühlungsvermögen und gutem Riecher, um ihre Chance wahrzunehmen, wenn sie gekommen ist und mit einem gezielten Biss zuzuschlagen.

Berühmte Schlange-Persönlichkeiten

Julie Christie, Bob Dylan, Aretha Franklin, Indira und Mahatma Gandhi, Greta Garbo, John F. Kennedy, König Ludwig II. von Bayern, Robert Mitchum, Pablo Picasso, Edgar Allan Poe, Jean Paul Sartre.

Pferd

Yang; festes Element: Feuer
Chinesischer Name: Ma

Jahreszahlentabelle Pferd

    25.1.1906 – 13.2.1907
    11.2.1918 – 1.2.1919
    30.1.1930 – 17.2.1931
    15.2.1942 – 5.2.1943
     3.2.1954 – 25.1.1955
    21.1.1966 – 9.2.1967
     7.2.1978 – 27.1.1979
    27.1.1990 – 14.2.1991
    12.2.2002 – 31.1.2003
    31.1.2014 – 18.2.2015

Die Pferd-Persönlichkeit

Kaum ein anderes Tierkreiszeichen ist so frei-
heitsliebend wie das Pferd. Es braucht viel Aus-
lauf, und zwar sowohl geistig als auch gefühlsmäßig. Was den Pferden fehlt, ist Ausdauer und
Stabilität. Dafür sind sie aber umso flexibler und
wendiger. Sie können in jeder Situation sofort
reagieren.

Was den Pferd-Geborenen Schwierigkeiten macht,
sind ihre häufigen Stimmungsschwankungen. Sie
leiden unter ihren Launen. Da sie von einem Extrem
ins andere verfallen, ist ihr Gemütszustand nur selten ausgeglichen.

Es heißt, dass Pferde ziemlich egozentrisch sei-
en. Das stimmt auch insofern, als sie gerne im

Mittelpunkt stehen und sich oft wie ein Kind im Trotzalter benehmen. Dabei sind sie nicht wirklich egoistisch. Sie wollen nur um jeden Preis das Gefühl haben, vollkommen frei zu sein, und das bedeutet eben, dass alles nach ihrer Pfeife tanzt. Außenstehende empfinden das Pferd daher als ziemlich rücksichtslos.

Doch wie jeder Mensch, hat auch der Pferd-Geborene seine Schokoladenseite. Er ist offen und macht keine langen Umschweife, sodass man immer weiß, woran man bei ihm ist. Darüber hinaus ist er sehr gesellig und ein ergebener Freund, mit dem man im wahrsten Sinne des Wortes „Pferde stehlen kann".

Das Pferd und sein Gefühlsleben
Pferde sind sehr impulsiv und stürzen sich Hals über Kopf in jedes Abenteuer, das ihnen bei ihren weiten Ausritten in die Quere kommt. Sie fangen schnell Feuer, das aber oft nicht sehr lange brennt, weil sie keine Zeit haben, neues Holz aufzulegen. So schnell, wie sie auf Touren gekommen sind, verlieren sie auch wieder das Interesse.

Bei Pferden existiert die „Liebe auf den ersten Blick" nicht nur in der Phantasie. Sie praktizieren sie ihr ganzes Leben lang, und zwar des Öfteren! Ein Pferd dürfen Sie unter keinen Umständen einsperren, wenn Sie verhindern wollen, dass es nach allen Seiten wild ausschlägt. Vielmehr müssen Sie viel Mut aufbringen, um bei seinen waghalsigen Ritten mithalten zu können. Und mithalten müssen Sie, denn ein Pferd möchte nicht alleine gelassen werden, wenn es verliebt ist.

Wenn Sie ihm eine große Freude machen können, schenken Sie ihm etwas, mit dem es noch schneller von einem Abenteuer zum nächsten galoppieren kann.

Der Weg zum Erfolg im Zeichen Pferd
Sie werden auf der ganzen Welt keinen einzigen Bürohengst finden. Wer diesen Begriff geprägt hat, hat auf jeden Fall überhaupt keine Ahnung von Pferden!

Das Pferd stürzt sich mit Begeisterung in neue Projekte. Aber es hat wenig Ausdauer. Wenn sich die Sache zu lange hinzieht, wird sie ihm schnell langweilig. Am liebsten sind Pferde immer unterwegs. Viele Reisen tragen sehr zu seiner Zufriedenheit bei. Wenn möglich, sollte es bei seiner Arbeit auch nicht ständig sitzen müssen. Auch Pferde können ehrgeizig sein, und zwar dann, wenn sie von einer Idee begeistert sind. Dann setzen sie alles daran, ihr Vorhaben auch in die Tat umzusetzen. Zur Erreichung eines Ziels ist ihnen dann kein Weg zu weit.

Berühmte Pferd-Persönlichkeiten
Sean Connery, Frédéric Chopin, Paul McCartney, Rita Hayworth, Jimi Hendrix, Barbra Streisand, Helmut Schmidt, Paul Simon, Armin Müller-Stahl, John Travolta.

Ziege

Yang; Festes Element: Feuer
Chinesischer Name: Yang

Jahreszahlentabelle Ziege

13.2.1907 –   2.2.1908
1.2.1919 – 20.2.1920
17.2.1931 –   6.2.1932
5.2.1943 – 25.1.1944
24.1.1955 – 12.2.1956
9.2.1967 – 29.1.1968
28.1.1979 – 15.2.1980
15.2.1991 –   3.2.1992
1.2.2003 – 21.1.2004
19.2.2015 –   7.2.2016

Die Ziege-Persönlichkeit

Die Ziege ist ein Träumer, der sehr viel Sinn für die schönen und angenehmen Dinge besitzt.

Ziegen leben lieber in einem Traumland als in der nüchternen Alltagswelt. Deshalb überlassen sie die täglichen Pflichten am liebsten anderen, denn es ist nicht so, dass sie von ihren Träumen auch satt werden. Darin liegt die Widersprüchlichkeit der Ziege. Sie verabscheut den grauen Alltag, ist aber auch kein weltfremder Asket.

Was die Ziege unbedingt braucht, ist ein Partner, der für sie sorgt und sie unterstützt. Dafür ist sie auch bereit, sich ihm weitgehend anzupassen. Er muss für den Lebensunterhalt sorgen, damit sie ihre Kreativität entfalten kann. Die Ziege dankt es ihm, indem sie ihn mit ihren phantasievollen Ideen unterhält.

Die Ziege-Geborenen sind verträgliche Menschen, die Streit und Aggression verabscheuen. Ziegen haben keinerlei Zeitgefühl. In den Dimensionen, in denen sie sich meistens aufhalten, gilt auch der allgemein gebräuchliche Kalender nicht. Sollten Sie mit einer Ziege einen festen Termin verabreden, halten Sie besser immer eine Alternative bereit.

Sonst kann es ihnen passieren, dass Sie Ihre wertvolle Zeit damit verschwenden, vergeblich auf die Ziege zu warten. Ihr Lebensrhythmus unterscheidet sich vollkommen von dem eines „normalen" Sterblichen.

Die Ziege und ihr Gefühlsleben
Ziegen sind Gefühlsmenschen, denen jegliche Logik fehlt. Sie urteilen nach Gefühl, sie handeln nach Gefühl und sie leben nach Gefühl. Ziegen sind treu, solange sie liebevoll gehegt und gepflegt werden. Aber in einer nüchternen Atmosphäre welken sie dahin und machen sich auf, um sich nach neuen Gefilden umzusehen. Dabei kommt ihnen ihre angeborene Neugier sehr zu Gute.

Wenn Sie sich eine Ziege ins Haus holen wollen, müssen Sie bereit sein, ihr alle Geldsorgen abzunehmen. Wenn Sie das tun, kann man Ihnen nur gratulieren! Die Ziege wird Farbe in Ihren grauen Alltag zaubern, dass Sie nur so staunen. Wenn sie versorgt ist, kommen ihre Talente nämlich voll zur Entfaltung.

Der Weg zum Erfolg im Zeichen Ziege
Im Falle einer Ziege muss man nur ein wenig kombinieren, um zu erraten, dass wir es hier nicht unbedingt mit einem Arbeitstier zu tun haben.

Ziegen sind nicht ehrgeizig, was den grauen Alltag anbelangt. Dieses Feld räumen sie lieber sofort und überlassen es denen, die sich hier erpro-
ben wollen. Die Ziege hat daran absolut kein Interesse.

Aber jetzt kommt das „große Aber". Wenn Sie
das Talent einer Ziege entdecken und gerne die
Rolle ihres Managers übernehmen und das
„Mädchen für alles" spielen, dann entpuppt sie
sich als einer der schillerndsten Schmetterlinge
auf der ganzen Welt!

Berühmte Ziege-Persönlichkeiten
Isabelle Adjani, Simone de Beauvoir, Boris
Becker, James Dean, Cathérine Deneuve, Annie
Girardot, Janis Joplin, Laurence Olivier, Walter
Scheel, Brooke Shields, John Wayne.

Affe

Yin; festes Element: Metall
Chinesischer Name: Hou

Jahreszahlentabelle Affe

```
        2.2.1908 – 22.1.1909
       20.2.1920 –  8.2.1921
        6.2.1932 – 26.1.1933
       25.1.1944 – 13.2.1945
       12.2.1956 – 31.1.1957
       29.1.1968 – 16.2.1969
       16.2.1980 –  4.2.1981
        4.2.1992 – 22.1.1993
```

22.1,2004 – 8.2.2005
8.2.2016 – 27.1.2017

Die Affe-Persönlichkeit
Affen sind die geborenen Komiker. Ihr größtes
Vergnügen besteht darin, ihre Intelligenz dazu zu
benutzen, anderen Menschen ein Schnippchen
zu schlagen oder sie hinters Licht zu führen. Ein
Affe kann sich zwar hochmütig geben, um Sie an
der Nase herumzuführen – aber auch das ist wieder nur einer seiner kleinen Tricks! Nein, der Affe
will sich einfach amüsieren, und das geht eben
manchmal nur auf Kosten anderer.

Zu der vielseitigen Begabung des Affen gehört
auch, dass ihm niemand lange böse sein kann,
selbst wenn der Affe ihm kurz zuvor das Fell über
die Ohren gezogen hat. Affen sind allseits beliebt.
Da sie sehr gesellig sind, ist das natürlich sehr zu
ihrem Vorteil. Affen sind treue Freunde, freundliche Nachbarn und sympathische Kollegen.

Darüber hinaus besitzt er Weitblick, weshalb er
die Folgen seiner Handlungen gut abschätzen
kann. Einem Affen das Wasser zu reichen ist nicht
gerade leicht.

Der Affe und sein Gefühlsleben
Affen verlieben sich gerne und schnell, aber
selbst die größte Liebe macht sie nicht blind. Sie
bewahren immer einen kühlen Kopf und entdecken so schneller als andere die Fehler des
Partners oder die Schwächen der Beziehung.
Das macht es ihnen nicht gerade leicht, ein dau-
erhaftes Glück zu finden.

Wenn Sie ihn gerne öfter bei sich zu Hause haben wollen, schaffen Sie sich eine große Kinderschar an. Affen bleiben ihr ganzes Leben lang Kinder, weshalb sie am glücklichsten sind, wenn man sie mit Gleichgesinnten Streiche aushecken lässt!

Der Weg zum Erfolg im Zeichen Affe
Affen sind einfallsreich und gewitzt. Sie finden sehr schnell heraus, wo der wunde Punkt ihres Gegners ist oder wie man ihn mit seinen eigenen Waffen schlägt.

Wo so mancher andere Schwierigkeiten hat, was er mit seiner Zeit anfangen soll, ist der Affe ein wahres Genie. Affen können mindestens zehn Sachen gleichzeitig machen.

Affen brauchen viel Abwechslung. Aber da sie so unübertroffen einfallsreich sind, fällt ihnen immer wieder etwas Neues ein, um den grauen Alltag zu beleben. Wenn sich Routine einzuschleichen droht, stellen sie kurz den ganzen Laden auf den Kopf – und schon ist wieder etwas los.

Berühmte Affe-Persönlichkeiten
Jaqueline Bisset, Jill Clayburgh, Joan Crawford, Bette Davis, Federico Fellini, Mick Jagger, Herbert von Karajan, Reinhold Messner, Rod Stewart, Liz Taylor.

Hahn

Yang; festes Element: Metall
Chinesischer Name: Yi

Jahreszahlentabelle Hahn

22.1.1909 – 10.2.1910
8.2.1921 – 28.1.1922
26.1.1933 – 14.2.1934
13.2.1945 – 2.2.1946
31.1.1957 – 16.2.1958
17.2.1969 – 5.2.1970
5.2.1981 – 24.1.1982
23.1.1993 – 9.2.1994
9.2.2005 – 28.1.2006
28.1.2017 – 15.2.2018

Die Hahn-Persönlichkeit

Wenn der Hahn mit seinem prächtigen Gefieder hocherhobenen Hauptes durch die Menge stolziert, zieht er alle Blicke auf sich. Er liebt es, im Mittelpunkt zu stehen, und auch privat will er immer der „Hahn im Korb" sein. Aber das ist nur die eine Seite der Medaille. Hähne sind zudem aufrichtig und ehrlich.

Wer im Zeichen des Hahns geboren ist, hat eine glückliche Hand im Umgang mit Geld. Wenn Sie zu den Unglücklichen gehören, bei denen sich der Gerichtsvollzieher schon ganz wie zu Hause fühlt, holen Sie sich einen Hahn zu Hilfe. Er wird die Sache wieder in Ordnung bringen, aber nicht nur das: Sie bekommen noch eine Strafpredigt gratis dazu!

Der Hahn und sein Gefühlsleben

Hähne brauchen die Bewunderung wie die Luft zum Atmen. Darüber hinaus sind sie aber auch sehr verantwortungsbewusst. Sie kennen ihre partnerschaftlichen Pflichten und füllen sie gewissenhaft aus.

Mit der Treue nehmen sie es nicht so genau. Oft reicht die Bewunderung eines Einzelnen nicht aus, um sie zufrieden zu stellen. So mancher Gockel hält sich daher einen Harem in Reserve.

Dennoch sind Hähne umgekehrt sehr eifersüchtig. Jeden Rivalen schlagen sie in die Flucht. Hähne sind sehr gesprächig und reden viel und gern.

Wenn Sie sich einen Hahn ins Haus holen wollen, sparen Sie nicht mit Komplimenten. Wenn Sie bereits einen Hahn im Haus haben, machen Sie ihm ab und zu eine kleine Szene. Das schmeichelt ihm.

Der Weg zum Erfolg im Zeichen Hahn
Wenn ein Hahn nicht im Rampenlicht stehen und sein Talent im Show-Business entfalten kann, verdient er sich in allen Berufen seine Lorbeeren, in denen er sich als Finanzgenie betätigen kann.

Hähne sind gewissenhaft und vernünftig. Von riskanten Unternehmungen lassen sie von vornherein die Finger, denn dazu fehlt ihnen der nötige Optimismus und die Phantasie. Sie schlagen lieber den sicheren Weg zum Erfolg ein und kommen mit Ausdauer und Methode an die Spitze.

Hähne liefern immer Präzisionsarbeit. Sie erledigen ihre Pflichten mit peinlicher Genauigkeit und Sorgfalt.

Berühmte Hahn-Persönlichkeiten
Jean Paul Belmondo, Prinzessin Caroline von Monaco, Joan Collins, Katherine Hepburn, Elton John, Simone Signoret, Peter Townsend, Peter Ustinov.

Hund

Yin; festes Element: Metall
Chinesischer Name: Gou

Jahreszahlentabelle Hund

```
10.2.1910 – 30.1.1911
28.1.1922 – 16.2.1923
14.2.1934 –  4.2.1935
 2.2.1946 – 22.1.1947
16.2.1958 –  8.2.1959
 6.2.1970 – 26.1.1971
25.1.1982 – 12.2.1983
10.2.1994 – 30.1.1995
29.1.2006 – 17.2.2007
16.2.2018 –  4.2.2019
```

Die Hund-Persönlichkleit
So beliebt Hunde bei ihren Mitmenschen auch sein mögen, sind sie doch selten zufrieden, weil sie ihren angeborenen Hang zum Pessimismus niemals ganz in den Griff bekommen.

Hunde leiden sehr unter ihrer Unruhe. Deshalb brauchen sie viel Sicherheit und Geborgenheit. Hunde verfügen über eine fast unfehlbare Menschenkenntnis, daher kann man ihnen nicht viel vormachen. Wenn der Hund sie aber einmal als seinen Freund auserkoren hat, weicht er Ihnen nicht mehr von der Seite, und Sie werden jeden Tag wieder dankbar sein, dass Sie behaupten können, einen wahren Freund fürs Leben gefunden zu haben.

Der tiefgründige Hund ist nicht nur ein Menschenfreund, vielmehr übernimmt er auch mit Vorliebe eine humanitäre Aufgabe. Darin kann er vollkommen aufgehen und sogar seine eigenen Sorgen vergessen!

Der Hund und sein Gefühlsleben
Der Hund unterscheidet im Umgang mit Menschen nur zwischen Freund und Feind. Er wittert sofort, wer einen guten und wer einen schlechten Charakter hat, und daran orientiert er sich auch. Obwohl er nach außen hin tolerant ist, wird er sich mit niemandem näher einlassen, der seiner feinen Nase nicht so ganz gefällt. Wenn er enttäuscht wird, vergisst er das ein Leben lang nicht. Hunde besitzen nämlich ein ausgezeichnetes Gedächtnis und darüber hinaus sind sie sehr empfindlich und verletzbar.

Ein Hund ist warmherzig und liebevoll. Er gibt es Ihnen unmissverständlich und ohne große Umschweife zu verstehen. Der Hund ist die Treue in Person.

Der Weg zum Erfolg im Zeichen Hund
Wie Sie sehen werden, gibt es sehr viele prominente Hunde und das, obwohl der Hund sehr selbstlos ist. Selbst wenn er eine Führungsposi-

tion einnimmt, verhält er sich immer human, fair und großzügig. Vielleicht ist das sein Trumpf im Ärmel, der ihn so erfolgreich macht.

Hunde müssen an eine Sache glauben, dann machen sie sie zu ihrer Lebensaufgabe. Wenn Hunde diese gefunden haben, beweisen sie, zu welchen Opfern sie fähig sind und welch ein heldenmütiges und großes Herz sie besitzen.

Der Hund-Geborene kämpft für die Gerechtigkeit. Wenn man ihn selbst oder jemanden, der ihm sympathisch ist, betrügt oder mit unfairen Mitteln übers Ohr haut, wird er wild.

Berühmte Hund-Persönlichkeiten
Brigitte Bardot, David Bowie, Charles Bronson, Rainer W. Fassbinder, Ava Gardner, Judy Garland, Michael Jackson, Sophia Loren, Shirley MacLaine, Inge Meysel, Liza Minelli, Donald Sutherland, Sylvester Stallone, Mutter Teresa.

Schwein

Yin; festes Element: Wasser
Chinesischer Name: Ju

Jahreszahlentabelle Schwein

```
30.1.1911 – 18.2.1912
16.2.1923 –  5.2.1924
 4.2.1935 – 24.1.1936
22.1.1947 – 10.2.1948
 8.2.1959 – 28.1.1960
```

```
27.1.1971 – 14.2.1972
13.2.1983 –  1.2.1984
31.1.1995 – 18.2.1996
18.2.2007 –  6.2.2008
 5.2.2019 – 24.1.2020
```

Die Schwein-Persönlichkeit

Das Schwein gilt als das ehrlichste und gewissenhafteste Zeichen in der chinesischen Astrologie. Man könnte es geradezu als „Wahrheitsfanatiker" bezeichnen. Da es darüber hinaus noch sehr gutmütig ist und nur an das Gute im Menschen glaubt, lässt es sich manchmal ganz schön an der Nase herumführen.

Schweine sind, ganz anders als der Ruf, der ihnen im Tierreich vorauseilt, Luxusgeschöpfe. Sie genießen das Leben mit all seinen sinnlichen Genüssen, in denen sie so richtig schwelgen können.
Da sie sehr gesellig und großzügig sind, lassen sie andere gerne daran teilhaben. Obwohl man Schweine oft ein wenig antreiben muss, können sie sehr aktiv werden. Das Schwein ist immer die gute Seele, die sich stets eifrig bemüht, alles zur vollsten Zufriedenheit zu erledigen und sich allseits nützlich zu machen.

Wenn es ums Geld geht, sind Schweine viel zu weichherzig. Es lässt sich von so manchem Schmarotzer ausnehmen wie eine Weihnachtsgans, wenn es nicht auf der Hut ist.

Das Schwein und sein Gefühlsleben

Schweine sind sinnlich und leidenschaftlich, und sie lieben das Leben.

Daher setzen sie ihre Träume immer in die Realität um. Voller Lebensfreude genießt ein Schwein alles, was ihm die Liebe zu bieten hat – und das ist eine ganze Menge.

Das Schwein ist von einer ganzen Schar von Bewunderern umgeben und tut sich oft schwer damit, aus ihnen den einen auszuwählen, mit dem es die Überfülle seines Lebens teilen möchte.

Wenn es ihn oder sie aber gefunden hat, ist es treu und absolut ehrlich. Dieselbe Zuverlässigkeit und Aufrichtigkeit erwartet es auch von seinem Partner.

Ein Schwein ist sehr sensibel und anhänglich. Ab und zu liebt es aber auch das Alleinsein und erwartet, dass man ihm für eine Weile seine Ruhe lässt.

Wenn Sie sich ein Schwein angeln wollen, sollten Sie immer eine kleine Aufmerksamkeit mitbringen. Ebenso ratsam ist es, seinen Geburtstag nicht zu vergessen, denn es ist zutiefst gerührt, wenn Sie daran denken. Und was bei einem Schwein immer wirkt: Laden Sie es in ein erstklassiges Restaurant zu einem erlesenen Diner mit mindestens fünf Gängen ein!

Der Weg zum Erfolg im Zeichen Schwein
Schweine interessieren sich nicht so sehr für den Erfolg, aber dafür umso mehr für den Wohlstand. Das Schwein ist kein Speichellecker, das verstößt gegen seine Würde. Es geht auch nicht über Leichen, dafür ist es viel zu loyal und human. Es

schuftet auch nicht für zwei, dafür liegt es zu gerne faul am Swimming-Pool. Wie also kommt unser Schwein zu Ruhm und Ehren?

Nun, man muss ihm manchmal einen recht unsanften Schubs geben, damit es sich auf die Hinterbeine stellt. Für andere hat es oft den Anschein, als müsse ein Schwein nur den kleinen Finger rühren, um die Quellen zum Sprudeln zu bringen. Wo andere die Karriereleiter hinaufhetzen, bleibt unser Schwein gelassen und erntet doch in Hülle und Fülle.

Berühmte Schwein-Persönlichkeiten
Woody Allen, Fred Astaire, Humphrey Bogart, Maria Callas, Jacques Cousteau, Alain Delon, Alfred Hitchcock, Vicco von Bülow (Loriot), Rainier von Monaco, Albert Schweitzer.